K-중학생활을 위한
10가지 방법

K-중학생활을 위한

3 3 년 간 의 삼 삼 한 이 야 기

박혜홍 지음

10가지 방법

복 있는 사람은 악인의 꾀를 따르지 아니하며 죄인의 길에 서지 아니하며
오만한 자의 자리에 앉지 아니하고 오직 여호와의 율법을 즐거워하여
그 율법을 주야로 묵상하는 자로다 저는 시냇가에 심은 나무가 시절을 좇아 과실을 맺으며
그 잎사귀가 마르지 아니함 같으니 그 행사가 다 형통하리로다

《시편》 1편 1~3

바른북스

복 있는 사람은

악인의 꾀를 따르지 아니하며

죄인의 길에 서지 아니하며

오만한 자의 자리에 앉지 아니하고

오직 여호와의 율법을 즐거워하여

그 율법을 주야로 묵상하는 자로다

저는 시냇가에 심은 나무가 시절을 좇아 과실을 맺으며

그 잎사귀가 마르지 아니함 같으니

그 행사가 다 형통하리로다

《시편》 1편 1~3

성장하려는 큰 힘을 가진 모든 청소년들을 위한 책

박혜홍 선생님과 저는 특별한 인연이 있습니다.

박 선생님은 저와 이화여고 동문이고, 이화여자대학교 교육심리학과를 졸업한 저의 제자입니다. 또 1990년 우리 아버지께서 병원에 입원하셨을 때 박 선생님의 부친도 같은 병동에 입원해 계셔서 깊은 슬픔을 함께 나눈 적도 있었습니다.

무엇보다 박 선생님은 평생을 중학생들과 함께 생활해 왔고, 저도 1962년부터 5년간 중학교 교사, 7년간 한국청소년상담원 원장으로 학교와 학교 밖 청소년을 위한 국가적인 청소년 상담 정책에 관한 일을 했습니다.

이렇게 청소년들을 사랑하며 살아온 우리 둘의 각별한 인연은 책의 추천사를 쓰는 데로 이어져서 저는 영광으로 생각하고 있습니다.

책에는 중학생들이 익혀야 할 기본자세와 생활지침에 대한 실질적인 방법을 선생님이 이야기로 알려주는 내용이 실려 있습니다.

청소년기의 발랄한 모습, 도전, 좌절, 용기, 짓궂음, 순수성, 선의 등 한마디로 청소년들의 내부에 존재하는 '성장하려는 힘'을 느끼면서 마음이 따뜻해졌습니다. 1962년부터 지금까지 저는 교사, 교수, 원장, 총장 등의 각각 다른 호칭을 들으면서 줄곧 교단에서 일생을 보내고 있습니다만 저의 정체성(Original identity)은 중학교 교사입니다. 그래서 박 선생님과 똑같이 저는 청소년들에 대해 특별한 애정이 있습니다. 청소년기는 인지적으로 정서적으로 신체적으로 가장 활발히 성장하는 인생의 황금기입니다. 그들에게는 천부적으로 성장하려는 힘(즉 놀랍고 창의적이고 선량하고 미래지향적이고 더 좋은 것을 이루고 싶어 하는 힘)이 있습니다. 저는 이 믿음을 제가 중학교 교사 시절에, 그들과 함께 최선을 다해서 순수한 열정으로 가르치고 생활하면서 얻었습니다. 그때 청소년들에 대한 믿음과 사랑의 마음이 박 선생님의 책에도 생생하게 기록되어 있기에 너무나도 반갑고 기쁩니다.

멋진 중학생 여러분, 힘차고 행복한 학교생활이 되기를 바랍니다.

이혜성
전 이화여자대학교 심리학과 교수, 전 한국청소년상담원 원장,
한국상담대학원대학교 총장

　유난히 추웠던 1983년 봄에 입학한 중학교 생활은 생각과는 많이 달랐습니다. 당시 한 학급당 70여 명씩, 한 학년이 무려 18학급에 달하는 과밀학급, 과밀학교의 시대였기에 수많은 학생들 사이에서 경쟁도 치열했고 학생 규율도 엄격했습니다.
그런 와중에 갑자기 청소년이 된 우리들은 새로운 환경에 적응하기 위해 서로에게 많이 의지하며 견뎌내었던 시간으로 기억됩니다.
다른 친구들과 달리 다른 방향 먼 곳에 살고 있던 저는 혼자 버스를 타고 통학해야 했습니다. 추적추적 비 오는 날 버스 종점이 있는 곳까지 옆 고등학교의 담장을 벗 삼아 혼자 걸어가던 기억이 아직도 선명합니다.

오랫동안 서예를 배운 저는 한자 글씨를 잘 쓰는 편이었습니다. 이를 눈여겨보셨는지 하루는 제게 수업내용을 칠판에 쓰게 하셨습니다.
그날부터 저는 매 수업시간마다 선생님 수업을 준비하는 학생이 되었습니다. 물론 쉬는 시간에 판서를 해놓는 것은 귀찮은 일이지만, 제게 중학교에서도 잘할 수 있다는 자신감을 불어넣어 준 새로운 시작이 되었습니다.
그랬던 제가 그 나이 자식을 가진 부모가 되어 선생님을 다시 뵙게 되었습니다. 30여 년간의 교직 생활을 마무리하시고 그동안 제자들에게 받은 글들을 모아 책을 만드셨습니다. 다들 시대가 달라졌다고는 하지만 다른 사람들과 함께 사는 세상의 이치(理致)와 지혜는 현재를 사는 우리에게도 공감할 부분이 많으리라 생각됩니다.

이 책을 통해 어려웠을 지난 시간들을 되돌아보면서 현재 사춘기를 겪고 있는 어린 학생들과 학부모님들, 그리고 어른들에게 추억과 삶의 지혜를 줄 것이라 생각합니다.

그리고 선생님 사랑합니다.

장항욱
제자, 방배고운세상 피부과 전문의

1960년대에 중학교 입학시험에서 떨어져 몇 날 며칠을 이불을 뒤집어쓰고 흐느끼며 울었던 일이 아직도 생생한데 벌써 첫 손자가 2024년도에 중학교 입학을 했습니다. 새로운 학교생활의 설렘과 기대와 긴장감을 가지고 있을 손자와 중학생들에게 해주고 싶은 이야기들을 이 책에 담았습니다.

1979년에 중학교 교사가 되어 30년 이상을 중학교에서 생활해 온 나는 모든 중학생들이 따로 또 같이 행복하고 즐거운 학교생활을 할 수 있기를 바랍니다.

오늘날은 과학과 기술의 발달로 환자를 대상으로 한다고는 하지만 뇌에 칩을 심으려는 시도가 가능해진 시대입니다. 빠른 속도로 시대가 변하고 있습니다.

이러한 때에 변하지 않는 그 무엇은 있는지, 우리 중학생들은 어떤 마음가짐으로 어떻게 학교생활을 하는 것이 좋을지 10가지 방법을 생각해 보았습니다.

30여 년간 중학생들과 함께 생활하면서 보고 듣고 깨달은 것들이 중학생들에게 도움이 되기를 바라마지않습니다.

의무교육인 중학교 시기는 진정한 자신을 알아가면서 어린이에서 청소년으로 발달 단계가 올라가는 중요한 시기이고 인간관계와 학업 능력의 기초를 단단히 갖춰야 할 시기입니다. 자기가 자기를 관리해 나가면서 스스로 경영해 나가는 시기라는 뜻입니다. 시간은 되돌릴 수 없으니 중학교 3년 동안의 하루하루가 무척 귀합니다. 이때 좋은 가치관과 습관을 들여놓으면 어떤 상황이 닥치더라도 잘 이겨낼 수 있고 개인은 물론 사회와 국가발전에 큰 역할을 하게 될 것입니다. 무엇보다 스스로 숙제와 수행평가를 확인해야 하고, 생활반경이 넓어지면서 주의해야 할 것도 많아지지요. 중학교는 지식을 위한 공부뿐만이 아니라 선생님들과 친구들 선·후배들이 함께 생활하면서 나를 알아가고, 주변을 알아가고, 건강한 생각을 키워나가고, 가치관의 기초를 세워나가는 공부를 하는 아주 매력적인 곳입니다.

하루가 다르게 변화하는 현대는 너무도 다양한 방향으로 나아가고 있어서 중학생들도 학교생활을 비롯한 모든 면에서 선택이나 결정의 어려움에 직면하고 있습니다.
그러므로 바다에서 배가 등대의 빛을 따라 나아가듯이 어떤 법칙이나 기준을 가지고 생활할수록 우왕좌왕하지 않고 학교생활이 기쁨으로 빛남과 동시에 차분하게 희망찬 미래를 대비할 수 있습니다.

선생님께…

　선생님 참 오랜만에 편지 드리는 것 같습니다.
가을이 되려는지 창밖 나무에도 잎이 하나둘 색이 변하고 있습니다.
몇 번이고 편지를 썼다가 찢고, 썼다가 찢고 하다 보니 그냥 몇 달이
흘렀습니다. 이제 벌써 중 3의 생활도 다 지나간 것 같습니다.
3학년이 되자마자 사람들은 저를 한 단계 높은 위치로 봐주었습니
다. 모든 것이 참 바쁘게 돌아갔습니다. 학교 진도를 따라가려고, 좀
더 정확히 말하면 앞서가려고 토요일은 꼭 밤샘을 하고, 주일엔 교
회에서 5시간을 보내고, 다시 월요일부터 금요일까진 착실히 숙제
하고, 공부하고…
그러던 저에게 7월 무렵 좀 아픈 시련이 찾아왔습니다.
베토벤의 〈소나타〉와 쇼팽의 〈Etude〉였습니다. 많이 쳐봤던 곡이기
에 더 욕심이 생겼습니다. 음악을 전공하고픈 마음이 슬며시 고개를
들었습니다. '음악이냐 공부냐(음악도 공부는 공부지만).'를 이번에 정말
선택하지 않으면 안 되었습니다.
몇 날을 이 생각 저 생각으로 보내자 갈수록 태산이라고 고민이 하
나 더 생겼습니다. 生은 정말 어떤 것일까? 그 무렵의 일기장을 보면

정말 우습기도 하고 엉뚱하기도 한 것을 느낍니다. 며칠을 그렇게 보냈습니다. 전 결심했습니다.

의대를 가서 신경정신 분야를 연구하겠다고. 슈바이처 박사의 전기를 읽었습니다. 그분과 같이 되겠다는 말은 못 하지만 그분과 닮으려는 노력은 많이 할 겁니다. 제 좁은 소견으로 **生이란 제가 조각하길 기다리는 네모진 석고** 같아요.

이제 석고를 깎기 시작할 때인 것입니다. 하지만 이 석고는 너무 커서 제가 조각할 때는 틀리게 깎아도 잘 모르는 것입니다. 그래서 저는 **매일매일 끊임없이 생활을 반성**해 보고 조각도가 다른 길로 나갔으면 **바른길로 잡아야 하는 것**일 겁니다.

이제는 마음이 좀 안정된 것 같습니다. 차분히 생활하며 주어진 일 분일초를 아껴 쓰려고 노력하지만 늘 후회하면서 반성합니다.

참 아기들은 건강합니까?
선생님은 언제부터 학교에 나오십니까?
이제 중학교 땐 선생님의 퍽퍽 시간을 경험하지 못할 것 같습니다.
선생님 안녕히 계십시오.

'82.10.8. 황희 올림
서울대학교 의대 졸업. 소아청소년과 전문의.
분당서울대학교병원 교수, 분당서울대학교병원 의료정보센터장 역임,
카카오헬스케어 대표(2024년 현재)

무려 42년 전인 1982년에 받은 한 학생의 편지입니다. 새벽이슬 같은 청소년의 아름답고, 힘차며, 진지하고도 진실한 글입니다. 이 학생은 공부하고 책을 읽으며 자신이 걸어갈 길을 향해 떨리지만 힘찬 발걸음을 내딛습니다. 그럼에도 겸손하기까지 합니다.

'제 좁은 소견으로는'

매일매일을 최선을 다해 생활하면서도 늘 반성한답니다. 그리고 선생님의 안부까지 묻습니다. 학생이 선생님께 쓴 편지긴 하지만 자기 자신과 약속하고, 그 약속을 정리하고 다시 확인하기 위해 쓴 편지라고 해도 무방합니다.
이 학생은 자신과의 약속을 이루어 훌륭한 의사가 되었을 뿐 아니라

편지글대로 자신의 멋진 석고상을 지금도 조각해 나가고 있습니다. 그는 2016년에 아시아태평양 의료정보학회의 헬스케어 IT명예의 전당에 올랐습니다. 2019년에는 미국의료정보학회(HIMSS)로부터 디지털헬스케어 혁신리더 50인에 선정되었으며, 20곳 이상의 해외 병원과 디지털 병원 혁신 사업을 추진한 경험도 갖췄습니다. '베스트케어 컨소시엄'에서 최고정보관리책임자(CIO)를 맡아 사우디, 미국 등의 현지 병원에 병원정보시스템(HIS)을 구축하기도 했지요. 지금은 온 국민의 건강을 위해 애쓰는 회사의 대표가 되었습니다.

공부란 이렇게 자신은 물론 남도 이롭게 하기 위해서 하는 것입니다.

K-중학생활을 위한 10가지 방법을 함께 생각해 봅니다.

목차

감사의 말
부록

1.

공부하는 학생은
그 상이 어여쁘다

공부하는 학생은 그 상이 어여쁘다. 장사치는 상이 시커멓다. 목동은 상이 지저분하다.

노름꾼은 상이 사납고 약삭빠르다. 대개 익힌 것이 오랠수록 성품 또한 옮겨 간다.

속으로 마음을 쏟는 것이 겉으로 드러나 상도 이에 따라 변하는 것이다.

– 다산 정약용 선생의 《다산어록청상》의 상론(相論)에서

중학생들의 공부에 대한 태도나 목적은 다양합니다.

배우는 게 즐거워서, 남들도 다 하니까, 친구들에게 지지 않으려고, 부모님이 하라고 하시니까, 더 나은 사람이 되려고, 공부에 대한 보상을 바라고, 친구들에게 인기를 얻으려고, 사회에 필요한 사람이 되기 위해서, 좋은 직업을 가지려고, 앞으로 내가 하고 싶은 일을 하

려고 등입니다.

중학생들은 자신의 성적이나 불확실한 미래를 바라보며 생각이 많습니다. 잘하는 학생들은 잘하는 학생대로, 못하는 학생은 못하는 학생대로 그렇습니다. 한 개밖에 안 틀렸는데도 그 한 개를 틀렸다고 끌탕을 하는 학생이 있는가 하면, 50점을 받았지만 전보다 실력이 올랐다고 좋아하는 학생도 있습니다.

본인이 원하는 성적을 받지 못했을 때 자신을 돌아보기보다는 남이 잘한 것에 대해서 시기하고 질투하며 스스로를 괴롭히는 경우도 종종 있습니다. 조금 해보다가 안 되면 좌절한다거나 자신은 머리가 나쁘다는 등의 핑계를 대며 미리 포기해 버리기도 합니다. 성적과 미래의 관계를 연관시켜 보기도 합니다.

지금으로서는 상상도 못 할 일이지만 1960년대만 하더라도 교실 뒤에 반 학생들의 성적을 붙여놓았고, 심지어 앞자리부터 등수대로 앉기까지 했습니다. 시험도 종류가 많았어요. 좀 과한 표현일지 모르지만 밥 먹듯이 시험을 봤어요.

중간고사 기말고사는 물론이요, 매달 치르는 월말고사, 수업시간마다 치르는 쪽지시험도 있었지요. 시험을 못 보면 매도 맞았습니다. 손바닥은 기본이고 심지어 발바닥에도 매 맞았어요. 시험 시간에 두근두근했던 기억이 지금도 납니다.

책도 많이 읽었습니다. 체력 시험도 있어서 운동도 열심히 했지요. 그렇게 중학교 입학시험 고등학교 입학시험 대학교 입학시험 3년마다 큰 시험을 치르면서 어릴 때부터 시험 속에서 살아가던 세대가 있었습니다. 모두들 철저하게 공부했지요.

시대와 생각의 변화에 따라 앞으로 교육제도가 어떻게 변할지 모르지만 국가 수준이 무척 좋아진 요즘은 시험이 점점 줄어서 도리어 학력 저하를 걱정할 정도가 되었습니다. 한편으로는 인간이 만든 인공지능과 로봇이 개발되어 인간과 기계와의 공존까지 공부해야 하는 시대이기도 합니다.

각 국가의 번영이나 문제가 곧 세계의 번영과 문제로 직결되는 지구촌 시대에 살아가고 있습니다. 결국, 각 나라가 처한 상황이 서로 다르다 해도 어느 나라나 청소년들은 모두 공부의 목적과 의미를 찾아가면서 공부를 하고 있다는 것은 틀림없습니다. 학교는 역시 공부하는 곳이지요.

뭐든지 그렇지만 공부 잘하는 비결은 따로 없습니다.
공부란 자기와의 씨름이고 자기와의 경쟁이니까요.

율곡 이이 선생(1536~1584)은 13살 때 진사 초시에서 장원급제를 시작으로 아홉 번이나 장원급제를 한 조선 시대 대표적인 유학자이자 세계 최초로 돈에 어머니와 함께 초상화가 올라가 있는 분입니다.

율곡 선생은 16세 때 어머니 신사임당의 죽음으로 방황도 했지만 다시 마음을 다잡고 《자경문(自警文)》을 지어 참된 공부에 매진했습니다. 《자경문》이란 스스로를 경계하는 글이라는 뜻입니다.

약 500년 전 대학자의 말씀을 따라 나 자신을 바로 세워나가는 공부를 해봅시다.

① 뜻을 세우자.
② 말을 적게 하자.
③ 마음을 고요히 하자.
④ 혼자 있을 때에도 몸가짐을 조심하자.
⑤ 책을 읽자.
⑥ 재물과 명예에 대한 욕심을 경계하자.
⑦ 일을 할 때는 정성을 다하자.
⑧ 정의로운 마음을 갖자.
⑨ 나를 반성하고 상대는 감화시키자.
⑩ 밤이 아니면 눕지 말고 기대지 말자.
⑪ 평생 꾸준히 공부하자.

"심은 대로 거둔다."는 성경 말씀이 있습니다. "콩 심은 데 콩 나고 팥 심은 데 팥 난다."는 우리나라 속담도 있습니다. 공부도 마찬가지이지요. 아주 특수한 경우를 제외하고 공부하는 만큼 결과가 나오는 것입니다.

머리가 나빠서 공부를 못 한다거나 집이 너무 가난해서, 공부할 환경이 안 되어서, 시간이 없어서 등의 환경을 공부의 방해물이라고 생각하기 쉽습니다.
그러나 어떤 상황이든 어떤 환경이든 굴하지 않고 열심히 공부한 사

람들이 있습니다. 지금과는 비교할 수 없는 열악한 환경의 감옥에서
까지 공부한 사람이 있습니다.

바로 대한민국의 건국 대통령이신 이승만 박사(프린스턴대학교 정치학,
1875~1965)입니다. 이승만 초대 대통령은 독립운동가이자 대한민국
에 자유 민주주의, 시장경제를 도입하고, 1953년 한미상호방위조약
체결로 국가의 발전을 다지신 분입니다.

> 왕정 개혁을 앞장서서 부르짖던 이승만은 고종황제의 폐위 음모에
> 가담하였다는 혐의로 체포되어 1899년부터 1904년까지 무려 5년 7개
> 월간 투옥되었다.
>
> 이승만은 손목엔 수갑, 발목엔 족쇄, 목에는 나무칼을 쓰고 조만간 처
> 형될지도 모른다는 죽음의 공포 속에 하루하루를 지냈다. 거기다 모
> 진 고문과 곤장을 맞는 고통 속에서도 책을 읽었다. 이승만이 수감된
> 옥중에는 죄수들이 항아리를 갖는 것이 허용되었다. 이승만은 그 항
> 아리를 눕히고 들어가 촛불을 켜고 공부했다. 그는 선교사들이 들여
> 보내는 영어책과 잡지들을 읽으면서 문장들을 모조리 외웠고, 영일
> (英日)사전의 영어단어도 모조리 외웠다. 그가 과거시험을 공부할 때
> 한문 서적을 암기했던 방법이었다. 공부한 것을 주변 사람들에게 가
> 르치기도 했다.
>
> 옥중학당을 열어 아이들 수십 명을 모아 영어, 일어, 산수, 세계지리
> 등을 가르치고, 어른 죄수반에게는 신학문과 성경을 가르쳤다. 서적
> 실을 만들어 죄수들이 책을 읽게 했다.

Korea's Founding President
'Syngman Rhee'

> '감옥서 도서대출부'에 의하면, 이승만이 개설한 서적실에서 한 번
> 이상 책을 빌려 본 사람은 229명, 대출도서는 2,020권이었다고 한다.
>
> – 2009.9.21. 《뉴데일리》

책을 읽고 공부를 하면서 인간에 대한 이해와 세상에 대한 식견을
넓히고, 건국의 기초를 다질 수 있었던 것입니다. 신분제도를 타파
하고 토지개혁을 통한 소작농의 삶 개선, 문맹 퇴치 운동(해방 당시 문
맹률 80%), 남녀 차별 철폐, 1948년 여성들에게 선거권 부여(스위스는
1971년) 등의 숱한 업적들은 다 공부를 열심히 한 결과입니다.

또 한 분은 한국 현대 경제학의 대부(代父)이자 당대 석학으로 꼽히는
조 순 선생 이야기입니다.

강원도 강릉에서 어릴 때부터 아버지의 지도하에 한학을 공부해 왔던 조 순 학생은 한문 문장과 영어 문장 구조가 흡사하다는 사실을 발견하고 본격적으로 영어 공부에 몰입했다.

그는 도서관, 책방들을 뒤져 영어원서를 구했고 이를 읽느라 밤샘하기가 일쑤였다. 또한, 외국 서적을 통해 1929년 대공황 이후 미국은 케인즈라는 학자의 이론대로 대규모 공공사업을 벌여 불황에서 벗어났다는 사실을 알게 되었다.

경제학이란 무엇인가? 이 같은 지적 호기심은 조 순 학생이 서울대학교 상대로 진학하게 하는 동기가 됐다. 6.25 전쟁 발발 후 입대하여 통역장교로 근무했으며, 육군사관학교 영어 교관으로 생도들을 가르쳤다.

전역 후 미국 캘리포니아 버클리 대학교에서 경제학 석사 및 박사학위를 받았다. 그 후 뉴햄프셔 주립대학 조교수, 서울대학교 상대 교수, 부총리 겸 경제기획원 장관, 한국은행 총재, 서울특별시 초대 민선 시장, 전통적 서원들의 원장, 대한민국 학술원회원을 역임하였다. 《경제학원론》을 비롯, 다수의 경제학 관련 책과 한시집도 저술하였다. 2014년에 국민훈장 무궁화장을 받았다.

나라가 어려운 환경 속에서도 끊임없이 공부하여 배운 것을 사회에 환원시킨 조 순 선생은 생이 다하는 날까지 학문 분야에서뿐만 아니라 인간으로서의 품위도 높였다.

위의 두 분 다 지금같이 풍요로운 시대와는 비교할 수 없는 어려운 시대(일제시대, 6.25 전쟁)를 공부함으로 헤쳐나갔고 그 공부함으로 사회와 국가에 공헌했다는 공통점이 있습니다.

　　명심하라. 모든 성공은 언제나 장애물 뒤에서 그대가 오기를 기다리고 있다.

여러분들은 어떤 환경에서 무슨 꿈을 꾸며 어떤 공부를 하고 있나요?

우리 모두는 각자 타고난 능력이 있습니다. 이 능력을 깨우치고 일으키려면 다방면으로 많은 공부가 필요합니다. 저절로 이루어지는 일은 없어요. 자기 인생에 유익하고 도움이 되도록 부단한 노력, 최선을 다하는 성실한 자세가 기본입니다.

아인슈타인이 그 무지막지했던 나치 독일에서 유대인에 대한 박해와 학습장애, 사회적 편견을 극복한 것은 모두 결코 포기하지 않는 강한 마음으로 공부를 했기 때문입니다.

에디슨은 실험에 수없이 실패해도 쉽게 포기하지 않고 노력하여 "천재는 1%의 영감과 99%의 노력"이라는 명언도 남겼습니다.

이희아(1985년생)라는 피아니스트가 있습니다. 그녀는 정도가 심한 선천성 사지 기형 장애인으로 태어날 때부터 한 손에 손가락이 두 개뿐이었습니다. 그러니까 두 손에 총 네 개의 손가락밖에 없는 데다 키도 103cm밖에 되지 않지만 훌륭한 피아니스트가 되었습니다. 처음 피아노를 배울 땐 건반 누르기도 힘이 들어서 건반 소리를 내는 데만 3개월이 걸렸습니다.

그러나 하루에 10시간씩 꾸준한 노력의 결과로 1993년 전국 장애인 예술대회에서 최우수상을 수상하며 피아니스트로 데뷔했습니다.

그 후 국내ㆍ외에서 수많은 연주회를 열었으며, 1999년 장애극복대통령상, 2000년 신지식인 청소년상ㆍ문화예술인상 등을 받았습니다. 2018년 1월 2일에는 각계 인사 240여 명을 청와대 영빈관으로 초청해 신년 인사회를 연 자리에 참석해 〈어메이징 그레이스〉를 연주하였습니다.

손가락 단 네 개로 그녀가 무척 빠른 곡인 쇼팽의 즉흥 환상곡을 치는 모습은 경이롭습니다.

이 모두가 다 꾸준한 공부의 결과입니다. 자신에 대한 불평불만이나 작은 일에도 좌절한다거나 하는 일은 이희아 피아니스트 앞에서는 어림도 없는 일입니다.

이뿐만이 아닙니다. 일본 정부에 독도는 한국 땅이라는 서한까지 보냈다고 합니다.

[대한민국 네 손가락 피아니스트 이희아가 일본 정부에게 보내는 서한]

일본 정부는 한국 섬임에도 불구하고 독도는 일본 섬이라고 주장한 역사 교과서 지침서 등에 위와 같이 언급했던 내용들을 즉각 삭제하고 일본이 과거에 명성황후를 시해하고 한국에 저질렀던 만행을 공식적으로 사과하고 보상하라! 이 외에 인도네시아, 중국, 대만, 필리핀, 러시아, 진주만 등 세계 곳곳에 만행을 저질렀던 나라들에게도 독일처럼 즉각 반성하고 보상하라!

한국의 헬렌 켈러를 꿈꾸며 어둡고 그늘진 사람들을 위해서 빛이 되고 싶다는 이희아 피아니스트는 전 세계 곳곳의 어려운 환경에서 고통받는 사람들에게 음악으로 희망의 씨앗을 퍼뜨릴 계획이라고 합니다.

이렇게 길게 멀리 내다보는 공부를 위한 기초로 중학교에서 우리가 가져야 할 태도는 무엇일까요?

알 때까지
질문하기

첫 학교 때, 그러니까 무려 40여 년 전 일인데 지금도 그 여학생의 이름을 기억합니다. 우리 반 학생은 아니었지만 수업시간에 단정한 자세로 열심히 공부하는 여학생이 눈에 들어왔습니다. 알아보니 반 1등은 물론 시험마다 전체 1등이었습니다. 혹시나 무슨 비결이 있나 살펴보았습니다. 그 여학생은 쉬는 시간, 점심시간에 수시로 교무실에 들러 선생님들께 질문했습니다. 질문이 그 여학생의 공부방법 중 하나였던 것이지요. 도덕에 대해서도 종종 물어보러 왔습니다. 과목 책이나 노트 한 권 들고 다니면서 질문하고 이해했을 때는 수긍하고 모르면 알 때까지 질문했습니다. 교무실이 그 여학생에게는 학교이자 학원이었던 것입니다. 전근 간 후에 들으니 그 어려운 서울대학교에 수석으로 합격했다는 것입니다. 신문에도 실렸던 것으로 기억합니다.

민족사관고등학교
합격생처럼

어느 날 출근해 보니 책상 위에 편지와 노트가 반듯하게 놓여 있었습니다. 열어보니 그 유명한 민사고에 합격한 남학생이었어요.

오늘 고등학교 예비소집일이어서 도덕수업에 못 들어가니 숙제를 내고 갑니다.

라는 편지와 숙제한 노트를 나보다 먼저 와서 내고 간 것이었습니다.

성적 산출이 다 되었던 때이기에 숙제는커녕 수업하기도 싫어하던 많은 학생들과는 다른 성실함에 나는 깊은 감동을 받았습니다.

늘 반듯한 자세로 앉아 공부하던 성실한 학생이었습니다. 역시 공부 잘하는 학생의 특징은 성실하고 예의 바르고 시간 관리를 잘하는 꼼꼼한 학생임을 다시 한번 확인했습니다. 저 학생은 앞으로 자기 자신의 성공은 물론 이 사회, 국가발전에 큰 공을 이룰 것이라 믿어 의심치 않았습니다.

성실함은 인류 보편적 가치이며 역시 모든 삶 속에서 기초가 되는 덕목이므로 좋은 성적을 얻으려면 성실한 생활 태도가 중요합니다. 지각·결석이 잦거나 숙제를 베끼거나 거짓말하는 학생들은 대체로 성적이 좋지 않았고 뒤로 불평, 불만이 많았습니다.

숙제를 안 내고도 기본 점수를 달라는 둥, 자기를 미워해서 점수를 안 준다는 둥 갖은 말이나 핑계를 대어 남도 피로하게 하고 자신도 피로한 학생이 되지 않도록 조심해야겠습니다. 핑계를 대는 머리를 굴리기보다 시간을 아껴 공부합시다.

> 덕 없이 행복을 이루는 것은 불가능하며 성실하게 살아가는 삶 속에 행복이 있다.
>
> – 아리스토텔레스

좋은 책을
많이 읽자

　퇴계 이황 선생은 13세에 《논어》를 공부하다가 학이편의 "배우는 사람은 집에 들어와서 효도하고 밖에 나가서는 공손해야 한다."는 대목에 이르러 '사람의 도리는 마땅히 이래야 할 것이다.'라고 스스로 경계했다는 기록이 있습니다. 그로부터 더욱 학문에 정진한 퇴계 선생이 쓰신 책 《성학십도》는 미국 워싱턴대학교 마이클 칼튼 교수가 영어로 번역하여 서방으로도 널리 알려져 있습니다. 경(敬)을 중시한 퇴계학은 일본에도 전해져 무사의 나라였던 일본은 유학을 받아들여 국민성의 개조뿐 아니라 근대에 이르러 메이지유신의 원동력이 되었다고 전 쓰쿠바대학교 다카하시 스스무(高橋進) 교수는 분석할 정도입니다(2020.11.12. 《중앙일보》).

이와 같이 중학교 때 읽은 좋은 책은 우리 일생에 큰 영향을 발휘하게 됩니다. 좋은 책을 많이 읽은 학생일수록 이해력이 좋아져서 공부도 잘할 수 있습니다. 과거에는 인륜 교육, 기본적인 예의범절을 담고 있는 심성 교육, 《천자문》, 《동몽선습》, 《명심보감》, 《소학》, 《계몽편》 등이 좋은 책으로 마을마다 있던 서당에서 가르치고 배웠습니다.

특히 보물 제602호로 지정된 《격몽요결》(강릉 오죽헌 시립 박물관 보관)은 조선 시대의 도덕과 인성을 가르치는 기본 교재이자 한국의 전통적 도덕의식에 큰 영향을 준 책입니다.

이는 '어리석음을 쳐내는 방법' 혹은 부드러운 표현으로 '아무것도 모르는 사람을 가르치고 이끌어 주는 확실한 길잡이'라는 뜻입니다. 자기 스스로를 경계하는 글이기도 합니다. 우리가 알고 있는 모든 예의범절을 실천하는 것 자체가 공부하는 길이라는 것입니다.

목차를 보면 다음과 같습니다.

그중에는 인생을 망치는 8가지 습관이 나와 있는데 중학생들도 깊이 생각해 볼 내용입니다.

① 늘 생각만 하는 습관
② 하루를 허비하는 습관
③ 자기와 같은 생각을 하는 사람만 좋아하는 습관
④ 헛된 말과 글로 사람들의 칭찬을 받으려는 습관
⑤ 풍류를 즐긴다며 인생을 허비하는 습관
⑥ 돈만 가지고 경쟁하는 습관
⑦ 남 잘되는 것을 부러워하며 자신의 처지를 비관하는 습관
⑧ 절제하지 못하고 재물과 여색을 탐하는 습관

현대는 다양한 가치관을 담은 책들이 쏟아져 나오고 있습니다. 좋은 책은 우리의 감성을 깨우고 지성을 높이며 살아가는 데 큰 힘도 됩니다. 그러므로 청소년에게 기쁨과 깨달음을 줄 수 있는 책을 잘 선택해야 합니다.

세계 제1위의 베스트셀러는 단연 성경입니다.

성경은 종교인과 비종교인을 포함한 역사의 수많은 인물들이 읽고 영향을 받아온 책입니다. '지혜롭게, 의롭게, 공평하게, 정직하게 행할 일에 대하여 훈계를 받게 하며', '어리석은 자로 슬기롭게 하여 지혜 있는 자는 듣고 학식이 더할 것이요, 명철한 자는 모략을 얻는' 책입니다.
미국에서는 초대 대통령 워싱턴이 1789년에 취임 선서를 할 때 성경에 손을 올리고 기도한 이래로 대통령 취임식에서 성경에 손을 얹는 것이 전통으로 자리 잡게 되었지요.

이승만 초대 대통령은 감옥(1899~1904)에서 성경을 읽고 다음과 같은 글을 남겼습니다.

> 지금 이 시대에 노예의 풍속을 가진 나라는 대한과 청국밖에 없다. 슬프다, 대한의 형제들이여. 어찌하여 옛 법에 익숙하여 내 나라 내 동포를 소나 말 같이 대접하며 짐승처럼 사고 파는가. 미국 사람들은 저들과 생김새가 다른 흑인 노예를 해방하기 위해 동포끼리 전

쟁까지 벌이지 않았던가. 어찌하여 이 나라는 동포를 노예로 부림을 당연하게 여겨 노예법을 여태껏 폐지하지 못하고 있단 말인가.

우리는 우리 집 종들이나 남의 집 하인배들, 낮고 천하게 여기는 부인과 여자들, 내 자식이나 남의 자식이나 어린아이들을 다 한층 올려 생각해야 한다. 그들을 사람의 숫자에 포함시키지 않고 사람에게 속한 물건으로만 알던 모든 악습을 버리고, 국법과 올바른 도리 앞에서 그들을 모두 동등한 사람으로 대접하여 따로 서서 직업을 갖고 살아가는 국민이 되게 해야 할 것이다.

– 저서 《독립정신》 中

나는 감옥에 혼자 있는 시간이면 성경을 읽었다.
(…)
나는 평생 처음으로 감방에서 "오 하나님, 나의 영혼을 구해주시옵소서. 오 하나님, 우리나라를 구해주옵소서!" 기도했다.

–《독립정신》 中 이승만 자필 투옥경위서(2009.9.21.《뉴데일리》)

▲이승만 건국 대통령이 읽으셨던 영어 성경(출처: 양평 청란교회)

환자들을 통증에서 해방시킨 마취제를 개발한 의사도 성경을 읽다가 영감을 얻었습니다.

마취제가 없던 시절, 고통을 참지 못한 환자들의 비명이 밖으로 새나가는 것을 막기 위해서 수술실은 건물 꼭대기 층에만 있었다고 합니다. 수술을 받는 환자에게도, 수술 내내 환자의 비명을 들어야 하는 의사에게도 마취제 없는 수술은 공포 그 자체였습니다.

영국의 의사 제임스 심슨(James Simpson, 1811~1870)은 외과수술을 받는 환자들의 고통을 덜어줄 방법을 깊이 생각하던 중 《창세기》 2장 21~22절의 말씀에서 영감을 얻었습니다.

바로 "여호와 하나님이 아담을 깊이 잠들게 하시니 잠들매 그가 그 갈빗대 하나를 취하고 살로 대신 채우시고…"라는 말씀입니다.

아담은 깊은 잠에서 깨어나서는 고통을 전혀 느끼지도 못한 듯 "이는 내 뼈 중의 뼈요 살 중의 살이라《창세기》 2장 23절)"는 성경 말씀을 읽을 때였습니다. "하나님이 아담을 잠재우시듯, 환자를 잠재워 고통을 느끼지 못하게 하고 무사히 수술을 끝낼 수는 없을까?"를 고민하다가 수술용 마취제를 개발하게 된 것이었습니다.

▲제임스 심슨

러시아의 세계적인 대문호 도스토옙스키(1821~1881)도 감옥에서 신약성경을 읽고 '완벽하게 아름다운 사람'을 묘사한 《백치》라는 소설을 쓰게 되었습니다.

도스토옙스키는 개혁모임에 가담했다가 정치범이 되어 사형 선고를 받았습니다. 총살 집행 5분 전에 극적으로 풀려나긴 했으나 시베리아 유배지로 가게 되었습니다. 거기서 정치범 남편의 옥바라지를 하던 어떤 부인한테서 신약성경을 선물 받게 되었습니다. 감옥에서는 성경밖에 읽을 수 없었기에 그는 유배생활을 하면서 표지가 닳을 때까지 성경책을 읽고 또 읽으면서 인생관과 세계관이 확립되어 그리스도의 가르침을 문학으로 담아낸 것입니다.

다음은 교보생명 창업자인 대산 신용호 선생(1917~2003)에 관한 이야기입니다.

1983년 신용호 회장은 보험 부문의 노벨상으로 불리는 세계보험 대상을 수상했고 2023년 현재 대한민국에서 제일 큰 서점인 교보문고를 만드신 분입니다. 그는 한국인의 노벨상 수상을 염원하며 교보문고 지하층 출입구에는 노벨상 수상자들의 초상화들이 걸어놓았습니다. 이윤 창출만을 하는 기업만이 아닌 기업으로서의 사회적 책임을 다하고자 노력한 결과입니다.

어릴 적 신용호는 뜻하지 않은 폐병에 걸려 죽을 뻔했으나 겨우 살아났다. 가정의 여러 형편도 어려운 데다 병마와 싸우느라 초등학교도 제대로 다니지 못했다. 대신 책을 통한 독학으로 실력을 연마했다.

그야말로 주경야독, 낮에는 밭에서 일하고 밤에는 책을 읽었다. 10대부터 '1,000일 독서'를 목표로 각종 책을 섭렵하여 세상을 바라보는 눈을 뜨게 되었다. 이는 1,000일 동안 10일에 한 권씩 읽어 100권을 읽겠다는 계획이었다.

책을 빌려 읽어야 하기 때문에 정독하고 독후감까지 쓰기로 했다. 당시 신용호가 가장 감명 깊게 읽은 책은 《헬렌 켈러》와 《카네기 전기》였다고 한다.

그 자신이 건강문제로 진학이 좌절되었기에 《헬렌 켈러》를 통해 도전정신을 배우고 되새기게 된 것이다. 교육을 제대로 받지 못했지만 세계 최대의 철강회사를 일군 《카네기 전기》를 읽으며 사업가의 꿈을 갖게 되었던 것이다.

▲신용호 선생의 책상에 있던 책들

인류보편적 가치를 담고 있는 좋은 책을 읽으면 자신은 물론 세상을
좋게 변화시킬 수 있습니다.

좋은 책을 많이 읽고 학생들이 변하고 학교가 변한 대학교가 있습니
다. 바로 미국에 있는 시카고대학교입니다. 1892년에 석유 재벌 존
D.록펠러의 기부금으로 설립된 연구 중심 사립 대학으로서 설립 초
기에는 이름 없는 사립대 삼류대학이라는 평가를 받았습니다. 학생
들은 좋지 못한 언행으로 패배감과 열등의식이 많았습니다.
1929년에 5대 총장으로 취임한 로버트 박사는 고민에 빠졌습니다.
어떻게 하면 열등의식과 패배감에서 벗어나 자긍심을 갖고 성공적인 인생을 살 수 있게 할 수 있을까? 더 나아가서 이들을 세계적인 인물로 키울 수 있을까?

로버트 박사는 고민 끝에 "The Great Book Program"이란 방안을 생각해 냈습니다. 이는 100권의 고전을 학생들에게 소개해 주고 졸업 때까지 100권의 책을 읽게 만드는 일명 '시카고 플랜' 프로그램입니다. 철학 고전을 비롯한 세계의 위대한 고전 100권을 완벽히 깨우친 학생들만 졸업할 수 있다는 운동이었습니다. 얼마나 공부를 혹독하게 시키는지 주변 대학교 학생들은 시카고대학교를 '즐거움이 죽은 곳(Where Fun Comes To Die)'이라고 부를 정도였습니다. 학생들은 책을 읽으면서 어떻게 어려움을 극복하고 꿈을 이루는지 배우게 되었습니다. 영원불변하는 가치를 탐구하고 실천하기 위해 노력했습니다. 그 후 시카고대학교는 버락 오바마 전 대통령을 비롯한 97명의 노벨상 수상자를 배출한 학교(2022.10.12. 현재)가 되었습니다.

◎ '시카고 플랜'에 포함된 성경 :

《마태복음》,《전도서》,《욥기》,《로마서》,《고린도전서》

노벨상 수상자들은 책을 늘 가까이하고 독서를 통해 자신의 꿈을 키우고 실천했다는 공통점이 있습니다.

새벽이슬 같은 중학생 여러분들도 좋은 책을 많이 읽어 아름다운 사람, 아름다운 가정, 아름다운 학교, 아름다운 대한민국을 이루어 나가기를 바랍니다.

공부는
이렇게

　여고 시절 수영하며 깨달은 것을 '쌓임'이라는 제목으로 쓴 글을 소개합니다.

　나는 여고 시절 수영을 하면서 깨달은 것이 하나 있었다. 뭐든지 연습이 쌓이고 쌓여야 잘할 수 있다는 것을 말이다. 그 당시 종로 YMCA에서 단체 수영강습이 있었는데 1주일만 기초를 가르쳐 주고 그다음부터는 각자 알아서 연습을 하는 것이었다.
삼투압 작용으로 내 작은 콧구멍에 물이 쫙 들어가 뇌 전체가 욱신거리는 고통 속에서도 열심히 연습했다. 자유형, 배영을 조금씩 익혀나가고 접영도 시도해 보았다.

　그 수영장에는 수영을 아주 잘하는 남학생이 있었다. 특히 그가 접영을 하면서 물에 한 번 들어갔다가 두 팔을 뒤로 젖힌 채 그의 하얀 얼굴이 물 위로 나타날 때는 모든 아이들이 그 남학생을 눈길로 따라갔다. 그를 유심히 보니 자유형 할 때, 그러니까 물을 끌어당길 때 팔이 직각이 되는 것이었다. 나는 그의 폼을 보면서 열심히 연습했다. 거기다가 그 남학생만이 턴(Turn)을 할 수 있었다. 수영을 척척 해나가다가 순식간에 몸을 뒤집어 발로 벽을 차서 그 힘으로 물살을 헤치고 앞으로 쭉 나갈 때는 보기만 해도 시원했다.

나도 저걸 해보리라.

뒤집고 또 뒤집었다. 성공도 하고 실패도 했다. 나는 늘 코맹맹이가 되었다. 턴 연습 후에는 수영을 하면서 턴 하기를 시도해 보았다. 어떤 때는 벽과 떨어진 채로 발을 차서 아무리 차도 제자리였고, 어떤 때는 너무 가까이에 가서 벽을 차다 발꿈치로 딱딱한 바닥을 가격해 비명을 지른 적도 있었다. 돌 때 똑바로 안 돌면 또 코에 물이 쫙 들어갔다. 골이 깨지는 듯이 아프고 뇌 전체에 물이 찬 듯 얼얼하였다.

그러던 어느 날 갑자기 감각이 깨어났다.

어디쯤에서 돌면 되는지 **저절로** 알게 된 것이다. 그때의 감격이란!!!

쭉쭉 나가다가 휘리릭 돌아서 벽을 두 발로 착 차서 나갈 때 무아지경이 되었다. 물에 몸을 맡기고 있으면 온몸이 막대기처럼 되어서 몸이 쭈욱 앞으로 나가는 것이다. 수업 중에도 수영 생각을 했다.

이 짧은 몸으로 YMCA 수영대회에 나가서 피라미급도 땄다. 덕분에 여행 다닐 때 수영 실력(?)을 유감없이 발휘하였다.

어디든 바다만 보면 뛰어들어 수영을 하며 잠수하다 나만의 보물을 줍는 기쁨도 있었다.

그 강렬한 햇볕 아래 청량한 푸른 바닷속을 헤집고 다닐 때 얼마나 행복했던가. 평생 잊지 못할 추억이다. 나는 이 얘기를 수업시간에 꼭 해주었다. 한 학년이 10반 이상이면 열 번 이상 얘기한 것이다. 반이 다르니 한 얘기를 또 했다. 얘기하다 보니 또 말 실력이 쌓여서 나중엔 유머까지 섞어 실감 나게 얘기해 주었다. 학생들도 입을 헤 벌리고 재미있게 들었다. 학생들은 수영 잘하는 남학생과 삐뚤빼뚤 수영했던 내가 박치기했을 때의 얘기를 해주면 좋아라 웃으며 듣다 가 꼭 물어보았다.

'혹시 그 남학생이 지금 선생님 남편이 되셨나요?'

여러분, 오늘 수업주제는 쌓임입니다. 연습이 쌓이고 쌓이면 저절로 알게 되는 겁니다.

선생님 수영 얘기에서 깨달았지요? 공부도 그렇게 하는 거예요.

세종대왕도 얼마나 공부를 많이 했는지 기록에도 남아 있습니다.

> 세종은 지나치게 학문을 부지런히 하시어 심신을 손상하게까지 되시니 태종께서 서책을 거두도록 명하셨습니다. 우연히 《구소수간(歐蘇手簡)》이 어안(御案)에 놓여 있었는데 이는 … 문의(文意)가 웅장하고 심원한 것은 아니었습니다. 그러나 세종께서는 성심으로 학문을 좋아하셨으므로 천 번이나 읽으시어 지금껏 미담으로 전합니다. 전하는 깊이 생각하소서.
>
> – 《명종실록》 3권, 명종 1년 6월 9일 갑오 1번째 기사

여러분도 교과서를 비롯, 좋은 책을 읽고 또 읽으면 이치를 깨닫는 기쁨을 누릴 것입니다. 그럼 자연히 성적도 좋아지고 성취감을 느끼면서 학생으로서의 기쁨을 누리겠지요?

여러분은 무엇을 쌓아가나요? 무엇에 물들어 가나요?

다음은 학생들에게 받은 편지의 일부입니다.

11가지의
성적 이야기

1. 공부 공부 성적 성적

안녕하세요? 저 ○○입니다.

선생님껜 정말 뭐라고 말씀드려야 할지 모르겠습니다. 그냥 죄송하단 말 가지곤 안 될 것 같아서요. 2학년 올라와서 많은 것을 다짐했습니다. 공부에 충실하고 노력하는 거요. 목표를 위해 열심히 하겠다는 여러 가지 다짐들입니다. 그런데 하나도 진행되고 있지 않습니다. 시험 끝난 뒤에 그 시험 범위를 조금씩 알아가는 저니까요.

선생님 저번 모의고사에도 성적이 나빴습니다. 그래서 정말 중간고사는 잘 봐야겠다는 생각이 들었습니다. 근데 중간고사 성적도 나쁘네요. 이번엔 공부도 조금씩 하고 문제도 조금씩 풀어봤습니다.

하지만 정말 최선의 대가가 아닙니다. 정말 노력을 한 게 아니니까요. 다음 시험부턴 부끄럽지 않게 공부하겠습니다. 성적을 중요시 안 하고 노력하는 데에 중점을 두겠습니다.

열심히 노력해서 부끄럽지 않은 시험을 보겠습니다. 한 번의 기회를 더 주세요. 선생님. 그리구요 전 선생님을 보고 많은 것을 배웠습니다. 정말 감사드립니다. 그리고 정말 죄송합니다. 그럼 안녕히 계세요.

2. 반 평균 깎아 먹었나요?

선생님 안녕하세요? 저 ○○이에요.

생각해 보니까 스승의 날밖에는 이렇게 편지로 인사 올릴 기회가 없는 것 같아요. 참! 선생님 꽃가루 조심하세요. 전 지금 꽃가루 알레르기 때문에 고생이 많아요.

근데 선생님 죄송합니다. 그중에서 제일 죄송스러운 건 선생님도 아시겠지만-지각이에요. 그리고 선생님! 저 이번 성적 너무 떨어졌죠? 제가 반 평균을 다 깎아 먹었죠? 저희 어머니께서도 충격을 받으신 것 같아요. 그래서 기말고사는 잘 보려고 노력 중입니다.

선생님 걱정 마세요. 기말고사는 꼭 잘 볼게요. 그리구 음… 먼저 체육이랑 수학 영어를 올려야겠어요. 또 음악도… -음악 가창 목소리가 작아서…

선생님 힘내세요. 저희들도 할 수 있어요. 노력하겠습니다. 그리고… 도덕시간에 즐거운 이야기 많이 해주세요. 선생님은 항상 저희를 즐겁게 하시고 감사합니다.

3. 의외로 어렵더라구요 평균 85점 넘기

안녕하시죠? 저는 이번에 3학년 ○반이 된 ○번 ○○입니다. 저의 3학년 소망은요 평균 85점 이상 되는 것입니다. 의외로 어렵더라고요 평균 85 넘기… 제가 ○○점밖에 안 되어서 하하. 여하튼 이번 3학년은 즐겁게 졸업할 것 같네요. 선생님도 재밌고 아이들도 활기차니 항상 기쁜 반이 되었으면 합니다. 많으면 많을수록 더욱 좋은 것은 당연히 기쁨이죠. 이거 읽으시는 날 아주 활기찬 하루와 기쁜 하루 되시길 기도하겠습니다.

2004.

4. 중간고사가 가장 큰 충격

지금 저는 ○○와 ○○○이와 ○○○이가 단짝 친구예요. 가끔 애들과 싸우기는 하지만 하루만 지나면 화해하는 친구랍니다.

저는 중간고사 점수 평균이 90.08밖에 안 나왔어요.

○○씨는 93점, ○○씨는 91점, ○○씨는 92점, ○○씨는 91점, ○○씨는 91점 등등 저보다 잘 본 사람이 아주~ 많아요. 목표 달성이 어렵게 되었어요. 성적표 나오기를 기다려야지요 하하. 그래도 평균 90이 넘어서 다행이에요. 컴퓨터 공부를 조금 더 할걸⋯ 이런 저런 얘기를 하다 보니 칸이 다 찼어요. 선생님과 제가 만난 지 2개월⋯ 수많은 날을 후딱! 허비했어요. 그 시간 동안 울고 웃고 많은 일이 있었지만 중간고사가 제일 큰 충격!이었어요. 앞으로 더욱 분발해서 기말고사 그리고 2학기 중간 · 기말고사를 잘 봐야겠네요.

그리고! 2003년 스승의 날을 축하드립니다. 몸 건강하시고 앞으로도 저희 열심히 가르쳐 주세요. 저도 열심히 공부하겠습니다.

선생님 감사합니다. ○○올림

5. 평균 70점 이하면 집 나가래요

안녕하세요. 우리 반의 선도부이자 말썽쟁이 ○○○입니다.
선도부를 시작할 때 사고 안 치겠다고 약속드렸는데 결국 얼마 안 가서 사고를 치고 말았습니다. 그때는 정말 죄송한 마음에 선생님을 못 뵙겠더군요. 제가 아직 상황 판단 능력이 떨어지는 바람에 그런 일을 저질렀습니다. 죄송한 마음을 어떻게 표현해야 할지⋯ 그래서 이번 3학년 동안에는 사고 한번 안 치고 잘 지내겠습니다.

아 조회시간에 공부할 때 어찌 잠이 그렇게 몰려오는지… 하지만 역시 성적을 올리려면 그런 것을 참으면서 공부해야지요. 집에서 평균 70 이하이면 집 나가라고 하네요. 하하하. 집에서 안 나가기 위해서라도 열심히 해야지요. 실망시켜 드리지 않을게요. 그럼 이만 줄입니다.

2004.5.3. 월요일

6. 그 유명한 이름 두 글자 --성적

언제나 따뜻한 관심과 함께 바라봐 주셔서 감사합니다♡
또 죄송해요… 그런 선생님의 마음에 보답하지 못하고 급하강하는 그 유명한 이름 두 글자
　'성 적'
나름 노력하고 있는데도 불구하고 계속 어긋나 버리네요 흑흑.
앞으로 좀 더 노력해서 좋은 모습 보이도록 노력할게요.

2008.5.14.

7. 이건 사실이에요

선생님 중1이 된 것도 이제 2개월이네요(벌써 2개월째예요).
지금부터 남은 중1 생활 잘할게요.

그리고 시험이 있는 날에는 시험도 잘 보고 열심히 할게요.

그리고 떠들지도 않고 잘할게요.

중1이 초등학생 때보다 어려운 건 사실이에요.

이제 얼마나 더 어려워질까 걱정이에요.

시험은 더 어려워도 잘할게요.

2003년

8. 중 2, 제가 스스로 고칠 나이

선생님 안녕하세요?

이제 봄인가 했더니 금세 싱그러운 여름이 다가왔습니다.

몸은 건강하시죠? 벌써 1학기 반이 지나갔습니다. 선생님과 만난 지도 벌써 2달 정도 지나갔구요. 어느덧 옛 생각이 납니다. 선생님과 처음 만났을 때, 반장 선거와 첫 수업, 극기 훈련 등이 생각납니다. 그동안 제가 수업시간에 집중도 못 하고, 틈만 나면 놀려고만 하고, 허구한 날 떠들고 성적은 바닥을 기어다니고… 지금까지 저를 가르쳐 주신 모든 선생님의 공통된 생각일 거예요. 그렇지만 이제는 중2!! 제가 스스로 고칠 나이인가 봐요. 이제 서서히 고쳐나갈게요. 하나씩 하나씩… 앗! 자습 시간이 끝났어요. 그럼 이만. ○○○ 올림

추신) 글씨를 못 써서 죄송합니다.

9. 더 차원 높고 수준 높은 성적으로 올리도록

담임선생님께

이렇게 무더운 여름 우리 2학년 ○반을 맡으셔서 2배로 더우시지요. 하지만 이 초롱초롱한 눈빛과 깨끗한 마음의 친구들과 지내셔서 행복한 면도 있으실 줄로 믿습니다. 우리 반이 좀 더 노력하고 떠들지만 않는다면 아주 좋은 반이 될 수 있을 것이라 믿습니다. 그렇게 하도록 선생님께서 조금만 더 힘 좀 써주세요.

비록 공부는 잘 못 하지만 기말고사에서는 더 차원 높고 수준 높은 성적으로 올리도록 무지무지 땀이 쏟아지도록 노력하겠습니다.

10. 걱정하지 마세요

현재 담임샘께

안녕하십니까.

저는 ○○이라는 少年이올시다.

이리 저래 ○학년 ○반의 일원이 되어 壹年 동안 생활하게 되었는데 편지를 통해 저의 brain 속에 든, 하고 싶은 말 하려고 합니다. 이제 슬슬 저의 소견을 언급하겠습니다.

공부에 대해 걱정하시는데 걱정하지 마시기를 바랍니다. 매일 6시간 가까이 공부를 합니다. 그리고 3학년이 되어 목표가 있습니다. 바로 평균 90점을 넘는 것입니다(눈이 반짝 반짝). 이렇게 저는 목표를 잡고 충실히 공부하고 있습니다.

그러니 걱정 마시고 즐거운 생각을 brain 속에 넣어 always 미소 띤 웃음을 하고 다니시기 바라옵니다. 그럼 오래 살 수도, 색다른 경험을 할 수 있으니 多多益善 항상 기쁜 생각을 brain 속에 넣어 다니십시오.

그럼 이만 글을 줄이겠습니다.

11. 지금 다시 노력 중

선생님 안녕하세요? 저 ○○예요.

잘 지내셨죠?^^ 제가 2학년 때 선생님과 함께하면서 즐거운 시간도 많았지만 말썽을 많이 피운 것 같아요. 지나서 보니 후회가 되네요. 그리고 선생님도 많이 화나셨을 텐데 죄송하게 생각하고 있어요.

선생님 말씀대로 목표를 설정하는 것은 무척 중요한 것 같아요. 가끔 좌절할 때 목표를 이루기 위해서라도 다시 노력하게 되거든요. 1학년 때와는 2학년 때 성적이 너무 달라서 속상하고 자신감도 많이 없어진 것 같지만 지금 다시 노력하고 있어요. 비록 도덕은 약간 망쳤지만 기말 때는 꼭 더 잘 보도록 수업에도 집중하고 열심히 들을게요^^ 선생님 너무 감사했고, 생각이 나서 이렇게 편지를 드려요. 선생님 항상 건강하시고 혜홍도로 저희 잘 다스려 주세요. 항상 행복한 일만 가득하시기 바랍니다.

다음은 퇴직 후 한 익명의 상담입니다.

1. 공부 때문에 힘듦

◇◇

중1인데 초등학생 1학년 때부터 다른 애들은 다 글 읽는데 나만 못 읽었고 초6
때도 공부 넘 못해서 우울했는데 방법이 없나요. 노력은 하고 싶은데 힘들어요.

음…

'노력을 하고 싶기' 때문에 힘든 것이지 실제 노력을 해보면 안 힘들
어요. 성취감에 기쁘답니다.

선생님들이 공부하는 방법에 대해 누누이 말씀해 주셨을 텐데 실천
해 보지 않고 힘들다고만 하나요? 본인이 스스로 공부를 너무 못한
다고 하니 이제 올라갈 일만 남았겠군요. 그러니 또 얼마나 신이 나
요? 공부든 인생이든 기본에 충실해야 해요.

수업시간에 잘 듣고, 예습·복습하고 엉덩이 힘으로 의자에 붙어 앉
아 열공해야지요. 파이팅~

2. 공부 고민…

전 국어, 수학, 과학은 잘하는 편이고 사회는 중상 정도 됩니다. 그런데 영어를 못합니다. 단어만 좀 외웠는데 솔직히 재미도 없고 지루해서 싫어요.

그런데 제 미래를 위해서라면 하긴 해야 한다는 걸 잘 압니다. 그런데 너무 하기도 싫고… 부모님도 강요는 하지 않지만 해야 한다고는 합니다.

제 꿈이 배우고 지금 오디션 준비 중입니다. 꼭 영어를 잘해야 할까요? 영어 때문에 너무 스트레스받고 힘듭니다. 도와주세요. 어떻게 해야 할까요?

영어 잘하는 배우 얼마나 멋져요?

글로벌 시대에 영어 잘하면 할리우드에도 진출할 수 있고 해외여행도 자유자재로 할 수 있고 얼마나 좋아요.

골프 선수도 축구 선수도 영어 인터뷰를 막힘없이 잘하는 모습을 티비에서 봤지요?

그냥 배우보다는 영어 잘하는 특기 가진 배우가 더 좋다는 생각을 하고 이를 앙~ 물고 공부해 보세요~~

배우는 대본도 외워야 하는데 영어 외우면서 머리도 좋아질 것 같군요. 파이팅~~

3. 숙제 때문에, 학원 때문에 너무 힘들어요

안녕하세요. 지금 중1인데 학원은 영어랑 수학만 다니고 바이올린을 취미로 배우고 있는데요 학원 숙제 때문에 바이올린 연습은 계속 못 한 지 오래고 요즘 숙제하는데 너무 힘들어요.

집에 오면 밤 9시~10시 30분 정도 되는데 오면 너무 피곤하고 밥 먹으면 졸리고 아무것도 하기 싫어서 숙제는 손도 안 대고 자요. 그러다 아침에 학교 가서 하는 거죠. 숙제 50장 이런 거는 아닌데 숙제가 웬만큼 많고 학교에서도 숙제를 잘 안 해요. 어떻게 해야 할까요?

학교에서 보면 많은 학생들이 방과 후에 학원에 가서 또 공부하느라 이처럼 허덕이는 경우를 많이 봤어요. 그러다가 아무 쪽에도 성과를 못 올리는 경우도 흔히 있어요. 학원에 다니기는 하는데 성적이 오르기는커녕 더 떨어지는 경우도 많습니다. 학원 숙제를 하느라 학교 숙제를 못 내다 보니 수행평가 점수도 안 좋고, 힘들어서 학교에서는 엎드려 자니 선생님들께 혼나기도 하고, 그러면서 학교 성적도 못 올리는 최악의 경우도 있어요.

도덕시간에 수학 숙제하고, 기초도 닦지 못한 상태에서 학원에서 선행 학습하다가 지치고, 체육시간에 아프다고 하고 자고… 우왕좌왕하는 학생들도 종종 눈에 띕니다.

심지어 학원에 다니면서 타 학교 학생들과 이성교제라는 새로운 갈등을 만드는 경우도 많습니다.

이럴 때는 부모님과 상담을 통해 결정해야 되겠어요. 나를 잘 아는 분은 부모님이시니까요.

고통스럽지만 이겨내느냐, 시간 관리를 잘하려 노력해 보느냐, 학원 다니는 시간을 줄여보느냐, 아예 자기주도 학습을 해보느냐 등등 많은 방법이 있으니 자기의 상황을 잘 살펴서 내게 주어진 시간 속에서 하고 싶고 배우고 싶고 공부도 잘하고 싶은 그 모든 것을 즐겁게 이루어 나가기를 바랍니다. 파이팅~~

4. 관심 갖는 것은 많은데 노력하기 싫어요

현 중3입니다.

남들은 목표를, 미래의 직업 같은 먼 것이 아니라 최소한 고등학교나 대학 등을 목표로 열심히 전진하고 있는데 이미 그 친구들 보다 뒤처진 저는 뛰어가도 모자랄 판에 멈추어 있습니다.

목표 없이 하고 싶지도 않은 공부를, 그저 학생이니 공부한다고 생각하고 하려니 막상 되지도 않습니다. 학원에 가면 배가 아파 화장실을 가게 된다거나 숙제를 미루고 미뤄 결국 못 하거나 대충 해 가는 상황도 있습니다.

조금 애새○처럼 들릴 수도 있지만 저는 그냥 놀고 싶습니다. 제가 좋아하는 핸드폰, 컴퓨터는 물론이고 취미인 모형 만들기만 하고 싶습니다.

더욱 문제인 것은 제가 노력을 너무 싫어한다는 점입니다. 최근 2년 사이에 관심 있는 분야가 생겼는데 그쪽은 한 번도 해보지 못한 분야인지라 그 분야에 대해 배운다는 노력을 하기 싫습니다. 그냥 뭐든 하기가 싫습니다.

현재 우울증 증세가 있다고 하고 번아웃 증후군 끼가 있는데 부모님은 제가 뭘

했다고 우울증에 번아웃이냐고 하십니다. 저희 부모님 진짜 좋은 분이십니다. 오해하지 마세요. 항상 저를 위해주시고 사랑을 주십니다. 다만 제가 부모님의 기대를 너무 많이 저버려서 그런 겁니다.

그냥 생각하는 대로 써봤는데 저 진짜 어떻게 해야 할까요?

본인은 노력하기 싫다고 했지만 사실은 완벽주의자 혹은 너무 조급하게 생각하고 있는 것 같아요. 잘하는 사람들도 슬럼프라는 게 있다가 어느 순간 또 스퍼트할 때가 오잖아요. 그렇듯이 잠시 슬럼프라 생각하고 자신을 깎아내리는 생각에 골몰하지 말아요.

앉아서 머리 싸매고 고민만 하지 말고 한번 걸어보세요. 산책이나 등산이나 달리기, 언덕 오르기 등 몸을 움직이다 보면 생각도 정리될 거예요. 베토벤을 비롯 많은 위인들도 걸으면서 인류에게 감동을 주는 창작을 해냈다고 합니다.

파이팅~~

이렇게 많은 학생들이 무심하게 일상적으로 학교에 다니면서 공부 문제, 이성 문제로 고민하고 있을 때, 한편에서는 뜻하지 않은 극한 상황에 처해진 사람들도 있습니다.

가정에서 생활하는 학생들과 달리 이렇게 어릴 때부터 뜻하지 않은 고난에 처한 청소년들도 많이 있다는 것을 생각할 때 하루하루를 헛되이 보내서는 안 되겠습니다.

저는 이름 없이 태어났습니다.

언제 어디서 그리고 왜 태어났는지도 모릅니다.
1985년 6월 2일이 제 생일이지만 추정일 뿐입니다.
왜 이날이 제 생일이 되었는지도 모릅니다.
고아인 저는 목적과 이유 없이 태어났습니다.
가족이 없었던 것처럼 살아갈 이유와 목적도 없었습니다.

저의 삶에서 가장 두려웠던 것은 버려졌다는 것이 아니라
태어난 목적과 이유를 알지 못한다는 것입니다.

부모를 통해 자신의 존재와 가치를 증명하지만
저는 증명할 수 있는 가족이 없었습니다.

제가 가장 힘들었던 것은 저의 존재의 목적과 이유를
증명할 수 있는 것이 아무것도 없었다는 것입니다.

부모가 없는 삶은 참을 수 있지만,
목적 없는 삶은 참을 수 없을 만큼 고통스러웠습니다.
고아가 불쌍한 것은 부모가 없어서가 아니라
태어난 목적과 이유를 알 수 없기 때문입니다.

– 브라더스 키퍼 홈페이지에서

2.

기본에
충실하자

위대한 일은 일련의 작은 일들이 합쳐진 것이다.

- 빈센트 반 고흐

중학생활을 잘하기 위한 기본은 무엇일까? 새롭고 색다른 그 무엇이 있는 것인가?

로버트 풀검(Robert Fulghum)의 세계적 베스트셀러 《내가 정말 알아야 할 것들은 유치원에서 배웠다》에서는 살면서 알아야 할 것들을 우리가 이미 알고 있다고 말합니다. 사실 우리 모두는 살아가면서 유치원이나 초등학교에서 배운 것들을 계속 다시 배우고 확인하게 됩니다. 인사를 잘해라, 거짓말하지 말아라, 남을 때리지 말아라, 내 것이 아니면 가져가지 말아라, 다른 사람을 아프게 했다면 미안하다고 말해라, 음식 먹기 전에는 손을 씻어라, 밖에서는 차를 조심하라, 자신이 어지럽힌 건 자신이 치워라, 부모님 말씀과 선생님 말씀을 잘 들어라 등입니다.

삶의 어느 단계에서든 우리가 배운 법이나 사회규범 등을 제대로 실천하는지 끊임없이 확인하는 것이 바로 기본입니다.

《모든 것은 기본에서 출발한다》를 쓴 손흥민 축구 선수의 아버지의 손웅정 감독 겸 작가도 늘 기본의 중요성을 강조하면서 실천하고 있습니다.

> 아주 오랜 시간 기본기 훈련에 집중했다. 축구에서 모든 건 기본기에서 나온다. 경기에서 축구공을 자유자재로 다루려면 패스, 드리블, 헤딩, 슈팅을 정확하게 할 수 있어야 한다.
>
> 체계적인 훈련을 통해서 어릴 때 익힌 동작이 반사적으로 나오지 않으면 이미 늦었다고 봐야 한다. 찰나의 간결한 볼 터치도 하루아침에 이루어지지 않는다. 축구를 배운다는 것은 기본기를 배우는 오랜 여정의 시작일 뿐이다. 흥민이도 기본기를 배우는 데 7년이 걸렸다.

실제 손흥민은 초등학교 6학년이 되기 전까지 리프팅 등 기본기 훈련에만 집중했습니다.

"4시간 동안 공을 떨어뜨리지 않아야 했다. 눈이 빨개지고 바닥이 노래졌다. 공이 세 개로 보이는 등 힘들었다."고 합니다.

피겨 여왕 김연아는 어린 시절 훈련할 때 실수라도 하는 날에는 기본기 연습을 몇백 번씩 반복해서 했다고 합니다. 유명 격투기 선수의 운동도 기본에 충실한 운동이고, 유명 소프라노의 연습 대부분의 시간도 기본에 충실한 발성법, 호흡법 훈련이라 합니다. 가수들이나 연주하는 사람들도 마찬가지입니다. 3분여 되는 노래 한 곡을 부르거나 연주하기 위해서 반복적으로 수백 번씩 연습한다고 합니다. 합창단원들은 기본 발성법을 매번 익히며 노래를 부릅니다.

조선 시대 국왕들도 기본적인 생활 태도를 자녀들에게 가르치고 당부하였습니다. 이를 훈유라고 하는데 다음은 국왕(중종)이 왕세자(인종)에게 당부하는 글입니다.

早起暮寢 勤學不倦.

조기모침 근학불권.

일찍 일어나고 밤이 되면 잠을 자되 학문을 게을리하지 말라.

尊師樂道 好善務仁.

종사악도 호선무인.

스승을 존경하고 도(道)를 즐기며 선(善)을 좋아하고 인(仁)에 힘쓰라.

不邇聲色 不植貨利.

불이성색 불식화이.

성색(聲色)을 가까이하지 말고 재물을 늘리려 하지 말라.

非禮勿視 非禮勿聽 非禮勿言 非禮勿動.

비례물시 비례물청 비례물언 비례물동.

예(禮)가 아닌 것은 보지 말고 듣지도 말며 말하지도 말고 행하지도 말라.

勿押群小 勿喜雜戲.

물압군소 물희잡희.

소인의 무리와 가깝게 지내지 말고 난잡한 놀이를 좋아하지 말라.

立志高遠 堅如金石.

입지고원 견여금석.

뜻을 고상하고 원대하게 세우되 금석(金石)처럼 굳게 하라.

忠君孝親 友愛兄弟 日日問安 時時視膳.

충군효친 우애형제 일일문안 시시시선.

임금에게 충성하고, 어버이에게 효도하며, 형제간에 우애하되 날마다 문안하고 수시로 음식을 보살피라.

務去邪僻 勿崇異端.

무거사벽 물숭이단.

간사한 행동을 버리기에 힘쓰고, 이단을 숭상하지 말라.

勿蔽私欲 存善公心.

물폐사욕 존선공심.

사사로운 욕심에 가려지지 말고, 착하고 공정한 마음을 보존하라.

勿聽婦言 恐懼終始.

물청부언 공구종시.

궁녀와 내시들의 말을 듣지 말고, 행동의 처음과 끝을 조심하라.

朝鮮王朝實錄 券27 中宗12년(1517) 4月 13日.

조선왕조실록 권27 중종12년(1517) 4월 13일

학교생활에서도 기본을 제대로 몸에 익히지 않고 하고 싶은 대로만 한다면 어떻게 될까요? 일탈 행위가 마치 추억이라도 되는 양 어리석은 행동 하다가 후회하는 일이 없도록 조심합시다.

학교에서 가져야 할 기본적인 생활 태도로 나는 3가지를 권합니다.

종 땡 착석

학기 초에는 새로운 시작의 긴장으로 수업 종이 치면 차분히 자리에 앉던 학생들이 학교생활에 익숙해진 후에는 교실에 들어오시는 선생님과 슬라이딩하면서 같이 들어오는 경우가 종종 있습니다. 이렇게 되면 수업 시작의 정돈에 시간이 걸리고 선생님과 학생 모두의 수업환경이 좋지 못하게 됩니다. 이런 일이 반복되면 선생님의 지도도 듣지 않는 반이 될 가능성이 높아요.

예전에는 한 반에 60~70명씩 있어도 선생님이 들어오시면 반장이 일어나 차렷시키고 선생님께 경례! 합니다. 그럼 서로 바라보면서 '안녕하세요?' 하고 학생들은 물론 선생님도 다 같이 인사를 하면서 안정된 수업을 했어요. 그러던 어느 날 누가 그랬는지, 왜 그랬는지 그런 인사는 일제시대(일본제국주의)의 잔재라면서 없애버렸어요.

그렇게 짧게나마 서로 인사하는 시간조차 없어지다 보니 선생님과 학생 사이의 따뜻한 정(情)도 질서도 없어짐을 볼 수 있습니다.

인사가 사라진다는 것은 예의도 사라질 수 있다는 것도 포함됩니다.

어느 날 수업을 하려 교실로 가고 있는데 저만치 복도에 6~7명의 여학생들이 우르르 마주 오고 있었어요. 아니 종 친 지가 언젠데? 그것도 한 명도 아니고 여러 명이? 이렇게 생각하며 지나가는데 비키면서 인사하기는커녕 내 어깨를 탁 밀치며 치고 지나갑니다. 모르는 어른이 지나가도 못 그럴 텐데 말이죠. 그러면 누군가는 돌아서면서 앗! 선생님 죄송합니다. 이렇게 말할 줄 알았어요. 뒤를 돌아보니 어떤 여학생이 내 머리 위에다 손가락으로 이상한 손짓을 하고 나머지 학생들은 입을 막고 쿡쿡 웃고 있었어요.

▲그래피티 작가 뱅크시 作

그 모습을 보는 순간 내 손에 있던 교과서가 그녀들의 머리 위로 날 았습니다. 왼쪽에서 시작하여 오른쪽까지 갔다가, 오른쪽에서 다시 왼쪽으로 책이 날았습니다.

여학생들은 얼른 교실로 뛰어 들어갔습니다. 교과서와 머리의 뜨거 운 만남으로 정신은 들었으리라 생각합니다. 그 여학생들이 **종 땡 착석**만 했더라도 이런 일은 일어나지 않았겠지요. 무리가 되면 도덕 성이 떨어집니다. 혼자서는 못 할 행동을 쉽게 하는 것이지요.

어느 날은 이런 일도 있었어요.

몇 학년 수업인지 수업을 하려고 교실로 향해 가는데 많은 남학생들 이 우르르 나와 있었어요. 날 보자 갑자기 그들은 약속이나 한 듯 복 도 양옆으로 나누어졌습니다.

내가 가까이 가자 모두 줄을 서서 두 팔을 직각으로 'ㄱ'자를 만들고 머리를 조아리면서 한다는 말이 "형님! 이제 오십니까!"였습니다.

물론 대부분의 학생들은 종이 치면 자리에 앉아 선생님을 기다리면 서 그날 배울 교과서를 읽어보고 있었습니다. 수업 들어가 보면 공 부하는 즐거움으로 책에서 눈을 못 떼는 학생들도 있어요. 그런 학 생을 보면 선생님도 힘이 나서 더 열심히 가르치게 되고 수업 준비 를 많이 해 오고 즐거운 수업시간이 되는 것입니다.

교과서에는 인생의 모토가 되는 가치는 물론 영원불변하는 가치, 즉 인류 보편적인 가치를 습득하고 영위해 나가는 많은 내용이 나와 있습니다. 그러므로 아무리 재미있는 일이 있더라도, 무슨 일이 있더라도 '비정한 종소리'가 들리면 '종 땡 착석'을 떠올리며 모두 자리에 돌아가 차분하게 앉아 수업 준비를 하는 것이 자신은 물론 친구들, 선생님들, 학교 전체 모두가 행복할 수 있습니다.

종이 **땡** 치면 자리에 앉는다(착석).

집중하기

성경에 의하면 하나님께서 인간을 만드시고 명령을 하나 내리십니다. 믿든 안 믿든 많은 사람들이 알고 있는 선악과에 대한 말씀입니다.

> 여호와 하나님이 그 사람에게 명하여 가라사대
> 동산 각종 나무의 실과는 네가 임의로 먹되
> 선악을 알게 하는 나무의 실과는 먹지 말라
> 네가 먹는 날에는 **정녕 죽으리라** 하시니라
>
> – 《창세기》 2장 16, 17

그런데 나중에 뱀이 여자에게 와서 "하나님이 동산 모든 나무 실과에 대해 뭐라 그러시디?" 묻자 여자가 하는 말이 "다 먹을 순 있어도 동산 중앙에 있는 나무의 실과는 먹지도 말고 만지지도 말라 너희가 죽을까 하노라." 하셨느니라고 대답합니다.

'정말 그러면 죽는다.'와 '죽을지도 모른다.'는 것은 엄청난 차이가 있지요? 성경에 의하면 인류는 결국 엄청난 벌을 받습니다.

너무 거창한 예를 들었나요? 마찬가지로 수업뿐만 아니라 조, 종례 시간의 모든 전달사항이라든가, 학교에서 보내는 각종 문서를 집중하여 잘 보고 듣지 않으면 실수하여 일을 그르치게 됩니다.

집중하여 제대로 듣지 않고 딴짓하다가 자꾸 남에게 물어보는 학생들이 있습니다. 집중하면 스스로 할 수 있는 일을 맨날 도와달라면서 징징대는 학생들이 종종 있습니다. 사과는 왜 떨어지는가 같은 종류의 고급 질문이 아니라 오늘 종례 사항이나 숙제는 뭐야? 등을 묻는데 만약 자신과 비슷한 학생에게 물었다간 바른 전달을 못 받을 수 있습니다.
자기 일은 자기가 책임질 수 있어야 합니다. 준비물을 가져오지 않고 남에게 자꾸 빌려달라고 하지 마세요. 남을 귀찮게 하지 마세요. 한두 번 실수했을 때 반드시 고쳐야지 그런 것도 다 습관이 됩니다. 그런 산만한 학생일수록 남 탓을 하는 경우가 많습니다. 너 때문에, 누구 때문에, 선생님 때문에 하면서 말도 많고 핑계도 잘 대요.

편지 하나 소개할게요.

선생님 안녕하세요?

저는 선생님의 제자 ○○○입니다.

오늘 변덕스러운 봄에 몸은 건강하신지요? 제가 새삼스럽게 편지를 쓰는 이유는 단지 스승의 날이어서가 아니라 스승의 날을 기회 삼아 선생님께 은혜를 보답하기 위해 쓰는 것입니다.

요즘 선생님의 가장 큰 근심거리는 우리 반 아이들의 '집중' 문제가 아닌가 생각합니다. 저는 선생님의 걱정을 덜어드리기 위해 수업시간에 '완전 집중'을 하려 하지만 잘되지 않습니다. 그래도 '학교공부가 최고'라는 선생님의 말씀을 따라 집중을 하니 성적이 많이 올라 기분이 좋습니다.

앞으로도 선생님께서 늘 강조하시는 집중을 하여 이번에 떨어진 성적을 기말고사 때 다시 찾는다고 약속드립니다. 마지막으로 이제부터는 단골 지각생이 되지 않도록 노력하겠습니다.

선생님 감사합니다. 1994.5.15 제자 ○○올림

✄ 집중하여 부를 노래

학교에서 중요한 의식을 거행할 때 시작은 애국가 부르기입니다. 그런데 언젠가부터 학교현장에서 애국가를 잘 안 부르게 되었습니다. 국민의례는 생략하겠다든가 어쩌다 불러도 1절밖에 안 부릅니다. 뭐가 그리 바빠서 애국가 부를 사이도 없는지, 학교에서 애국가 부를 시간을 아껴서 뭐가 더 좋아졌는지 모르겠습니다.

학교행사에서 애국가를 부를 때나 학급에서 방송으로 애국가를 부를 때는 단정한 자세로 뜻을 생각하면서 잘 불러봅시다. 우리 애국가를 부를 때 그 좋은 가사로 내 마음은 깊어지고 넓어집니다. 마음이 웅장해지고 뜨거워지기도 합니다.

가슴에 손을 얹고 예의 바른 자세로 애국가를 부를 때 내가 지금 여기에 있을 수 있는 것은 나라가 있기 때문이란 것을 매번 감격하게 됩니다.

예전에는 애국가가 들리면 길을 가다가도 서서 가슴에 손을 얹고 같이 불렀습니다. 모든 일을 시작할 때 애국가를 불렀습니다. 심지어 영화관에서도 영화가 시작되기 전 애국가가 울려 퍼지면 자리에 앉아 있다가도 다 같이 일어나서 애국가를 불렀습니다.

애국가가 나오는데도 의자에 앉은 채로 담배를 피우던 어떤 청년은 관객들의 고발로 즉심에 넘겨지기도 했습니다(1971.3.19. 《동아일보》). 1971년 3월 15일부터 전국 극장에서 애국가를 상영했고, 1988년 상영이 중지됐습니다. 이런 뜨거운 나라 사랑의 열정으로 오늘날의 대한민국이 이만큼 발전된 것입니다.

나라의 정신은 나의 정신이기도 합니다. 애국가를 부르면서 내가 나아가야 할 방향을 바로 잡고 뜻을 생각하며 내 생각이 고양되고 내 품격도 올라가는 것입니다.

▲과거 영화관에서는 이 영상과 함께 애국가가 울려 퍼졌다

각 나라의 국가를 들어보면 그들의 특징적인 민족성과 행동의 성향이 보입니다. **우리나라 애국가처럼 장엄하고도 아름다운 곡조와 가사**는 다른 어느 국가에도 없다고 생각하는 건 팔이 안으로 굽었기 때문일까요?

다음은 각 나라의 국가(國歌) 비교입니다.

세계에서 가장 강하다는 미국은 초등학교 때부터 모든 행사에 국가를 부르며 애국심을 다집니다.

1절

오, 그대는 보이는가, 이른 새벽 여명 사이로
어제 황혼의 미광 속에서 우리가 그토록 자랑스럽게 환호했던,
널찍한 띠와 빛나는 별들이 새겨진 저 깃발이, 치열한 전투 중에서도
우리가 사수한 성벽 위에서 당당히 나부끼고 있는 것이.
포탄의 붉은 섬광과 창공에서 작렬하는 폭탄이 밤새 우리의 깃발이 휘날린 증거라.

오, 성조기는 지금도 휘날리고 있는가.
자유의 땅과 용자들의 고향에서!

2절

(…)

충만한 영광에 반사되어 강물 위로 빛나는,

그것은 바로 성조기 오! 영원토록 휘날리소서

자유의 땅과 용자들의 고향에서!

3절

(…)

성조기는 승리차게 휘날리누나

자유의 땅과 용자들의 고향에서!

4절

오! 그리하여 자유로운 사람들이

사랑하는 그들의 고향과 전쟁 폐허 사이에서 언제나 일어서리라.

승리와 평화로 축복을 받으며 하늘이 구한 이 땅이

우리의 나라를 만들고 지켜 준 신의 권능을 찬양하게 하소서.

대의가 정당하면 우리는 필승할 것이오,

우리의 좌우명은 "우리는 하나님을 믿는다."

그리고 성조기는 승리차게 휘날리리라

자유의 땅과 용자들의 고향에서!

공식행사에서 프랑스 국가(國歌)는 1절과 6절만 부릅니다.

가자, 조국의 아들들이여/영광의 날은 왔나니/압제가 앞에 있지만/피의 깃발이 올려졌나니/피의 깃발은 올려졌나니/들판을 함께 가자/야만적인 적군을 무찌르자/적은 다가오고 있다./우리 아들, 우리 조국의 목을 치기 위해.

(후렴) 시민이여! 무기를 들어라/무장하라 전사들이여/전진하라! 전진하라!/적의 더러운 피가/우리 들판을 흐를지니/조국의 신성한 수호신이/우리 복수심에 불타는 군대를 보살피고 지켜줄지니/자유, 사랑하는 자유의 신이여/적과 싸우자/적과 싸우자/우리 깃발 아래서, 승리의 노래가/힘차게 울려 퍼질지니/쓰러져가는 적들도 그대의 승리와 영광을 보리라!/우리 군대와 시민의 승리를!

영국 국가(國歌)는 'God Save The Queen(신이여 여왕을 구원하소서)'으로 시작합니다.

신이시여 우리의 자비로운 여왕을 구원하시고
고귀한 우리의 여왕이 만수무강하게 하소서
(…)
오! 신이시여 깨어나시어 그녀의 적들을 물리쳐 쓰러지게 하소서
그들의 나라를 붕괴시키시고 그들의 간교한 계략을 좌절케 하소서
신만을 믿사오니 저희 모두를 구원하소서
(…)
그녀로 하여금 우리의 법을 수호케 하시어

항상 우리가 충심으로 목청껏 찬양케 하소서

신이시어 여왕을 구원하소서.

일본에서는 동네에서 스포츠(검도)를 배우는데도 그들의 국기를 향해 절을 합니다. 관장이 례(禮)! 하고 큰 목소리로 외치면 모두 고개를 숙여 일장기에 경례합니다. 강대국 국민들은 생활 곳곳에서 자국의 국기와 국가를 소중히 여깁니다. 우리 대한민국의 청소년들도 애국가를 부를 때만큼은 그 뜻을 생각하면서 더없이 진지하게 부르기를 바랍니다. 학교에서 다 같이 부르는 애국가조차 제대로 안 부르거나 관심 없는 학생들은 학교생활이 어떨까요? 하나를 보면 열을 안다는 속담이 틀리지 않습니다. 애국가를 부르면서 웅장한 마음이 되면 온갖 유혹과 사악한 것과 나약한 것들이 틈탈 수 없다고 생각합니다.

도덕 파워

도덕이란 도(道)와 덕(德)으로 이루어져 있습니다.
도(道)란 진리이고 덕(德)이란 어진 품성, 어진 행동으로 해석해도 되겠습니다.
현대사회는 물질만능주의, 자기 부풀리기, 성공으로 이름 내기, 자기주장 내세우기, 타인의 인정 받기 등의 문화가 확산되고 있는 실정입니다. 이러다 보니 도덕적 삶은 내팽개쳐지고 있습니다. 그러나 눈에 안 보이는 공기가 있어야 우리가 숨을 쉬며 살 수 있는 것처럼 눈에 보이지 않는 도덕적 품성이야말로 나를 살리고 가정을 살리고 사회와 국가를 살리게 되는 것입니다. 나무의 뿌리가 튼튼해야 나무 전체가 강건하게 자랄 수 있는 것처럼 개인도 도덕적 품성을 꾸준히 가꾸어 나가야 강건하게 이 세상을 살아갈 수 있습니다. 이런 사람들이 많아지면 사회와 국가도 강대국이 될 수 있는 것입니다. 도덕이란 아주 강한 것입니다. 몸이 약하면 병균이 침투하여 병이 들 듯이, 도덕을 무시하는 자에게는 악이 침투하여 결국에는 파멸로 끌고 가게 되는 것입니다. 나쁜 짓 하면서도 떵떵거리는 자들의 미래는 그런 것입니다. 히틀러를 보면 알겠지요. 인간의 광기는 도덕을 무시하는 데서 생겨나는 것입니다. 반면에 평생에 걸친 노력으로 끊임없이 자신을 단련해 나가는 사람들은 궁극적으로는 인류와 사회에 큰 공헌을 하고 발전시켜 나가게 되는 것입니다. 여러분들도 이제 도덕적 품성을 기르는 것을 시작해 봅시다.

1. 인기 얻고 성공하고 싶다면

하버드대학교의 아동 심리학자이며 퓰리처상 수상자인 로버트 콜스(Robert Coles)는 《도덕지능》이란 책을 발표했습니다.

그의 연구에 의하면 옳고 그름을 판단하고 자신의 윤리적 가치에 따라 행동할 수 있는 능력, 즉 도덕지능이 높은 아이일수록 자신의 재능을 훨씬 더 가치 있게 발휘할 수 있다는 것입니다.

우리가 가정에서나 학교에서 보고 배우는 크고 작은 도덕적 항목들을 실천해 나가는 것이 행복과 성공에 직결된다는 것입니다.

서울대학교 심리학과 강금주 교수의 연구에서도 도덕지능이 높은 아이들은 인생에 대한 만족도, 희망, 좌절 극복 능력, 행복지수가 높게 나타난 반면, 도덕지능이 낮은 아이들은 인생관 역시 비관적이었다고 합니다. 또한, 도덕지능이 높은 아이들이 집중력도 높고 스스로 공부에 대한 자신감이 있으며, 친구 사이에 인기도 좋은 것으로 나타났다고 합니다.

《성공하는 사람들의 도덕지능》이란 책에서는 아예 도덕적 능력은 생존의 문제라고 강조합니다. 도덕지능이란 간단히 말하면 '보편 원칙에 따라 옳고 그름을 구분하는 능력'입니다.

그에 의하면 집안 좋고 많은 사람들에게 칭찬받던 A와 B의 삶이 서로 달라진 이유가 도덕지능에 있었다는 것입니다. A는 주식과 관련해 사기를 치다가 6년 6개월의 징역형을 받아 교도소에 갔고, 늘 원칙을 지켜나갔던 B는 금융그룹의 CEO가 되었다는 것입니다.

저자는 도덕지능이 높은 사람이 성공하며 도덕성이야말로 '뛰어난 리더십을 위한 열쇠'라는 것을 과학적 결과라고 강조합니다. 이를 입증하기 위해 수많은 CEO들을 인터뷰하고 실험했기 때문이었습니다. 성공한 CEO들은 마음속 깊이 다음과 같은 도덕적 잣대를 갖고 있다고 합니다.

어떠한 일에든 솔직하자.

옳은 것을 옹호하자.

자신의 행동에 책임지자.

함께 일하는 사람들의 행복에 관심을 기울이자.

잘못과 실수를 인정하자.

굳이 이 책을 들먹이지 않더라도 도덕적 행동을 하는 학생일수록 인성도 좋고 성적도 좋았습니다.

정직은 학교생활에 있어서 지켜야 할 최소한의 도덕입니다.

그럼에도 지각, 결석, 조퇴, 숙제, 용돈, 선생님과의 관계, 친구들과의 관계와 관련하여 각종 거짓말을 하는 학생들이 있습니다.

당장 고통스러운 상태를 모면하기 위해서 한 거짓말은 결국 자신을 더 고통스럽게 한다는 것을 알아야 할 것입니다.

정직이란 사실 자기 자신과의 싸움이며 자신에게 진 사람은 인간관계에서도 신용을 잃어 학교생활이 즐거울 수 없지요.

다음의 예를 읽어보며 마음에 새기면 좋겠습니다.

1) 조선 시대 큰 부자의 도덕적 신념

청나라에서도 인정한 큰 부자였던 임 상옥은 사람을 두 부류로 나누었다. 이로운 사람과 해로운 사람!

이로운 사람이란 정직한 사람, 성실한 사람, 박학한 사람, 해로운 사람이란 정직하지 못한 사람, 신용 없이 간사한 사람, 듣기 좋은 말만 하는 사람. 그는 청나라 인삼 상인들의 거짓말과 술수에 당하지 않고 도리어 지혜롭게 행동하여 자칫 본인은 물론 나라에 큰 손해가 날 뻔한 것을 막았다. 그는 인간관계에서의 정직함과 그에 따른 신용을 중요하게 여겼기에 '장사는 이문(이익)을 남기는 것이 아니라 사람을 남기는 것'이라고 설파하여 후세 경영인들에게도 많은 가르침을 주고 있다.

2) 미국 초대 대통령의 고결한 도덕성

그는 평생토록 사람이 살아가면서 지켜야 할 도리와 가치를 수첩에 적어놓았는데 이 기록은 어떤 상황에서 어떻게 행동하는 것이 예절 바르고 품격 있는 것인지를 계속 적어간 것이다.

지금까지도 《워싱턴의 미국인 예의 규범(George Washington's Rules of Civility)》이라는 이름으로 출판돼 조지 워싱턴 가문 내에서는 물론 많은 미국인의 가정에서 가정보감으로 여겨지며 면면히 이어져 오고 있다고 한다.

그중 규칙 110은 가슴 속에서 양심이라는 불꽃이 꺼지지 않도록 노력해야 한다고 기록되어 있다. 양심의 불꽃, 그것은 정직(Honesty)이었고 진실성(Integrity)이었다.

정직과 진실성이 그의 일생을 관통한 도덕적 덕목이었다.

도덕성과 정직 없이는 제아무리 뛰어난 재능을 갖고 놀라운 업적을 달성해도, 사람들로부터 진정한 존경을 얻지 못하고, 자긍심을 갖지 못할 것이다.

인간의 행복과 도덕적 의무가 불가분적으로 연결되어 있다는 사실은 나로 하여금 끊임없이 도덕적 의무를 실천할 것을 고취시킨다.

3) 미국 건국의 아버지 벤자민 프랭클린의 도덕성

벤자민 프랭클린이 토머스 제퍼슨과 함께 기초한 미국독립선언문은 역사에 길이 남을 업적으로 평가된다. 미국 건국의 아버지이자 피뢰침, 다초점 렌즈를 개발한 과학자로서 100달러 지폐에 초상화가 들어 있는 그는 끊임없는 자기 성찰과 계발, 특히 선하고 덕 있는 삶을 통해 행복에 이르고자 부단히 노력했다. 그에게 성공이란 자기 개선을 의미하기도 했다.

그의 자서전에 나와 있는 13가지의 덕목은 다음과 같다.

① 절제: 속이 불편할 정도까지 먹지 말라.
② 침묵: 남이나 자신에게 이익이 되지 않는 말을 삼가라. 경박한 토론을 피하라.
③ 질서: 모든 일이나 물건이 제자리를 찾게 하고 일은 가장 적합한 시기에 추진하라.
④ 결단: 반드시 해야 할 일은 실천하도록 결심하고 결심했으면 반드시 실천하라.

⑤ 절약: 남이나 자신에게 이익이 되지 않는 일에는 돈을 쓰지 말라.

⑥ 근면: 시간을 낭비하지 마라. 유익한 일에 힘쓰고 불필요한 일은 잘라버려라.

⑦ 성실: 사람을 속여 해를 끼치지 말라. 순수하고 정의롭게 생각하고 이에 따라 말해라.

⑧ 정의: 남에게 직접 상처를 주지 말고, 자신이 해야 할 일을 빠뜨려 해를 끼치지 말라.

⑨ 중용: 극단을 피하라. 상대방이 아무리 잘못했어도 그만큼 화를 내는 것을 참아라.

⑩ 청결: 신체, 옷, 집을 더러운 상태로 방치하지 말라.

⑪ 평정심: 사소한 일이 마음을 흔들도록 놔두지 말라.

⑫ 순결: 건강이나 자녀 때문이 아니라면 성관계를 삼가라.

⑬ 겸허: 예수와 소크라테스 등 성인의 언행을 따라 하라.

프랭클린은 언제나 과실을 범하지 않고 사는 것이 소망이었다. 타고난 성품, 습관, 혹시 친구들의 유혹에 의한 잘못까지 모두 극복하고 싶어 했다. 그는 다음과 같은 표를 만들어 스스로 과오를 발견하면 흑점을 찍어 넣었다. 그리고 그 항목에 대하여 엄격하게 주의하면서 덕 있는 사람이 되고자 노력하였다. 대화 중에도 할 일 없는 사람들이 좋아하는 알랑대기, 말 재롱, 농담 등에 끌려 들어가지 않으려고 노력했다. 또한 행복하려면 성실하고 정직해야 한다고 강조하였다.

	(日) S	(月) M	(火) T	(水) W	(木) T	(金) F	(土) S
T(節制)							
S(靜肅)	·	·		·		·	
O(秩序)	··	·	·		·	·	·
R(決心)			·			·	
F(節約)		·			·		
I(勤勉)			·				
S(正直)							
J(公正)							
M(中庸)							
C(淸潔)							
T(沈着)							
C(純潔)							
H(謙遜)							

140

이렇게 훌륭한 사람들은 끊임없이 도덕적 품성을 추구하며 실천하려고 노력했습니다. 도덕적 품성을 익히고 실천하면서 자신을 발전시켜 나갔기에 자신은 물론 국가적으로도 큰일을 할 수 있었던 것입니다. 나를 바로 알고 바르게 세워나가야 학교생활이 더욱 즐겁습니다.

나도 즐겁고 주변도 즐겁고 행복해집니다. 도덕은 그렇게 즐거움과 행복을 주는 아름다운 덕목입니다.

정직하고 성실한 분위기가 학급을 주도하고 학교를 주도해 나갈 수 있도록 노력합시다.

2. 미디어 리터러시(Media Literacy) – 확인하고 또 확인하자

학교에서 일어나는 유언비어나 소문 등에 마음이 팔리지 않도록 주의해야 합니다. 즉 확인되지 않은 떠도는 말 따위에 속는 일이 없어야 합니다. 물론 자신이 나서서 말을 퍼뜨리면 안 되겠습니다. 시기, 질투로 남을 험담하는 일도 하면 안 됩니다. 정 못 참겠으면 그 당사자에게 조용히 대화를 시도하는 것이 좋습니다. 입장을 바꿔보면 알 수 있을 거예요. 인간은 불완전하여 많은 실수를 저지르지만, 말로 인한 실수는 돌이킬 수 없기 때문에 조심해야 합니다. 무엇보다 SNS상에 떠도는 말을 있는 그대로 믿어서는 안 됩니다.

요즘은 사진도 합성하고 동영상도 편집하여 자신의 욕망만 이루고자 하는 사람들도 많으니 보고 듣는 모든 것을 조심해야 합니다. 온갖 광고에 내 마음이 흔들리도록 두어서도 안 되겠어요.

그랬대~ 어쨌대~ 그렇다더라~ 같은 말들을 듣고 흥분하거나 선동되지 않도록 주의합시다. 무엇보다 들은 말을 확인도 하지 않고 옮겨서 남에게 피해를 주는 일이 일어나지 않도록 서로 주의해야 합니다. 말로 인해 다툼이 일어나는 것이 다반사이니 평화롭고 즐거운 학교생활을 위해서 늘 말조심을 해야겠습니다. 게다가 요즘은 AI(인공지능)의 개발과 발달로 별별 가짜 영상들도 많이 생성되고 있습니다. 그러므로 학생 각자가 실력이 있어야 가짜에 속지 않는 법입니다.

다음은 2023년 10.20일 mbn 뉴스 내용입니다.

세계가 온라인과 SNS를 통해 떠도는 더 많은 정체불명의 가짜 뉴스로 신음하고 있습니다.

그런데 특히 **이 가짜뉴스에 잘 속는 연령대**가 있습니다. 영국 케임브리지대 연구팀의 테스트 결과, **10대와 20대**가 노년층보다 가짜 뉴스를 판별하는 능력이 4배 더 낮게 나타났거든요.

(…)

스마트폰을 신체 일부처럼 하루종일 끼고 있으니까요.

유튜브 같은 온라인 동영상 플랫폼을 통해 뉴스를 본다는 청소년 비율은 2019년 30.8%에서 2022년 63.7%로 크게 증가하고 있는데, 유튜브에 나도는 가짜 뉴스들은 그림, 영상을 그럴듯하게 합성하고 AI 음성까지 입혀놓으니 마치 진짜 언론보도를 보는 듯하죠.

미국 뉴저지주와 캘리포니아주는 청소년들이 허위 정보를 걸러낼 수 있도록 유치원부터 고등학교까지 미디어 리터러시, 즉 미디어를 해석하고, 진짜 가짜를 구별하는 능력을 키우는 과정을 도입하기로 했습니다.

영어나 수학 같은 핵심 과목처럼 어릴 때부터 미디어 문해법을 가르치겠다는 겁니다.

한술 더 떠 유타주는 SNS가 술이나 담배만큼 해로울 수 있다며 내년 3월부터 미성년자 자녀의 SNS 가입과 사용 시간을 부모가 제한할 수 있게 했고, 유럽연합은 지난 8월부터 SNS 플랫폼이 유해·불법 콘텐츠를 신속히 제거하고 예방하는 시스템을 마련하지 않으면 연간 글로벌 수익의 최대 6%를 과징금으로 내게 했습니다.

3. 우주 과학자가 깨달은 것은?

미국에서 천문학자의 상징과도 같은 사람으로 평가되는 칼 세이건은 13살에 교내에서 과학동아리를 만들어 화학에 대한 설명을 잘하여 또래 학생들을 이해시켰다고 합니다. 그는 과학의 대중화에 큰 기여를 한 사람으로 코넬 대학교 천문학 및 우주과학과의 데이비드 덩컨 석좌교수로 재직했으며, NASA에서 온갖 우주 탐사선 계획에 참여했습니다.

냉전 시대에는 핵전쟁이 발발하면 지구에 핵겨울이 발생하여 지구상의 생명체가 핵전쟁에서 살아남더라도 결국 멸절하고 말 것임을 경고하며 핵무기 감축 운동에도 이바지했습니다.

칼 세이건은 과학의 대중화뿐 아니라 주류 학계에도 상당한 기여를 한 학자입니다. 그가 주도한 바이킹 계획에 의해 오늘날 우리가 아는 화성의 상당 부분이 밝혀졌다는 점에서 그가 학계에 끼친 영향은 매우 큽니다. 그는 1975년 인류 복지에 대한 공헌으로 성 조셉 상, 1978년 《에덴의 용(The Dragons of Eden)》으로 문학 부문 퓰리처상, 미국우주항공협회의 존 F. 케네디 우주 항공상, 소련 우주항공가연맹의 훈장, 미국천문학회의 마수르키상, 미국 국립 과학원의 최고상인 공공복지 훈장 등 일일이 나열할 수 없을 정도로 많은 상을 수상했습니다. 그 외에도 과학, 문학, 교육, 환경 보호에 대한 공로로 미국 각지의 대학으로부터 명예학위를 22차례나 받았습니다.

그렇게 대단한 과학자인 그가 결론적으로 한 말은 무엇일까요?

우리처럼 작은 존재가 우주의 광대함을 견디는 방법은 오직 사랑뿐이다.

(For small creatures such as we the vastness is bearable only through love)

그는 글로 열변을 토합니다.

저 점을 다시 보세요. 저것이 바로 이곳입니다. 저것이 우리의 고향입
니다. 저것이 우리입니다. 우리가 사랑하는 모든 이들, 우리가 알고 들
어보았을 모든 사람들, 존재했던 모든 인류가 저곳에서 삶을 영위했
습니다. 우리의 모든 즐거움과 고통이, 우리가 확신하는 모든 종교, 이
념, 경제 체제가, 모든 사냥꾼과 약탈자가, 모든 영웅과 겁쟁이가, 모
든 문명의 창시자와 파괴자가, 모든 왕과 농부가, 사랑에 빠진 모든 젊
은 연인들이, 모든 어머니와 아버지가, 희망에 찬 모든 아이가, 모든
발명가와 탐험가가, 모든 도덕 선생님들이, 모든 부패한 정치가가, 모
든 인기 연예인들이, 모든 위대한 지도자들이, 모든 성인과 죄인들이
저곳 – 태양 빛 속에 부유하는 먼지의 티끌 위에서 살았던 것입니다.
지구는 우주라는 거대한 극장의 아주 작은 무대입니다. 그 모든 장군
과 황제들이 아주 잠시 동안 저 점의 일부분을 지배하려 한 탓에 흘렸
던 수많은 피의 강들을 생각해 보십시오.
저 점의 한 영역의 주민들이 거의 분간할 수도 없는 다른 영역의 주민
들에게 얼마나 많은 잔학 행위를 저지르는지를, 그들이 얼마나 자주
불화를 일으키고, 얼마나 간절히 서로를 죽이고 싶어 하며, 얼마나 열
렬히 서로를 증오하는지를 생각해 보십시오.
아직까지 알려진 바로 지구는 생명을 품은 유일한 행성입니다. 적어

도 가까운 미래에 우리 종이 이주할 수 있는 곳은 없습니다. 다른 세계를 방문할 순 있지만, 정착은 아직 불가능합니다. 좋든 싫든, 현재로선 우리가 머물 곳은 지구뿐입니다.

- 《창백한 푸른 점》에서

▲궤도를 향해 가던 무인 탐사선을 뒤돌게 해 지구를 찍은 사진.
64억km 밖에서 촬영, 파란색 동그라미 속 희미한 점이 지구이다

그는 이 창백한 푸른 점(지구)에 머무는 동안 서로를 따뜻하게 대하는 것은 책임이라고 말합니다.

자만하지 말라고 권합니다. 이 세계는 더할 수 없이 아름다우며, 크고 깊은 사랑과 선으로 가득한 곳이니 생이 제공하는 짧지만 강렬한 기회에 매일 감사하라고 권합니다. 그는 과학자이지만 종교의 신비를 옹호하는 사람을 비난하지 않았습니다.

그의 이런 태도에서 우리가 학교생활을 어떻게 해야 하는지 배웁니

다. 나와 생각이 다르고, 성적이 다르고, 가정 상황이 다르고, 성격이 다른 다양한 학교 친구들을 어떻게 대해야 할까요? 우주의 점과 같은 지구의 200개 넘는 수많은 나라 중 한국인으로, 같은 시대에 태어나 수많은 중학교 중 지금의 학교에서 만나고, 세 개의 학년 중 같은 학년, 거기다 같은 반에서 만난 친구들!! 얼마나 놀랍고 얼마나 소중한지요. 서로 친절하고 따뜻하게 대해야 하겠습니다.

50여 년 전 일임에도 지금도 생각나는 일이 있습니다. 영어 선생님은 칠판 처음부터 끝까지 영어로 써놓으시고 다음 시간까지 다 외워 오라는 것이었습니다. 다음 시간에는 학생들에게 암기를 확인하셨습니다. 제대로 외우지 못하면 어김없이 손바닥을 맞아야 했습니다. 언제 걸릴지 몰라 모두 부지런히 외웠습니다. 그런데 어느 날, 맨 앞자리에 앉아 있어서 선생님의 레이더 망에서 운 좋게 벗어나 있던 내가 걸렸습니다. 너무 놀라 제대로 외우지 못하여 손바닥에 매를 많이 맞았습니다. 선생님이 나가시고 손바닥을 보는데 놀라서인지 착각인지 빨개지면서 막 부어올랐습니다. 수업 중엔 참고 있던 눈물이 터졌습니다. 아파서 손바닥을 보면서 울다가 아예 엎드려서 울고 있는데 갑자기 등이 따뜻해졌습니다. 지금도 얼굴이 기억나는 친구가 등에 손을 얹고 토닥토닥 나를 달래준 것입니다.

다음은 학생들에게 받은 편지들 중 일부입니다.

4. 10가지 도덕 이야기

〈◇◇◇◇◇◇◇◇◇◇◇◇◇◇◇◇◇◇◇◇◇◇◇◇◇◇◇◇◇◇◇◇◇◇◇◇◇◇◇〉

1) 도덕 교과서는 질색?

선생님 안녕하세요? 신○○입니다. 어제 3학년 선배들과 잘 다녀
오셨는지요?

이제 5교시 때 선생님을 볼 수 있게 되었네요. 5교시를 기다리고
있겠어요.

우선 지난 1년 동안 정성으로 도덕을 가르쳐 주셔서 감사드립니
다. 제가 입학할 때 도덕 교과서를 보고 굉장히 질색을 했어요.
재미없고 외우기 힘든 과목이라고만 생각했는데 선생님께서 너
무 착하고 재미있으셔서 수업이 너무 좋았어요. 덕분에 점수도
올랐고 이제 저도 진정한 도덕적인 사람이 되려고 노력하려고 해
요. 그런데 벌써 선생님과의 도덕수업이 끝난다고 하니 참 아쉽
네요. 내년에 수업도 없고… 그래도 전 선생님을 기억할 거예요!
솔직히 말씀드리면 요즘 도덕수업 때 집중을 하긴 하지만 전처
럼 잘 안되네요. 그 외에도 제가 선생님을 힘들게 했다면 사과드
릴게요. 죄송합니다.

요즘 점점 추워지고 있는데 몸조심하시고 건강하세요. 그럼 저
는 이만 줄이겠습니다.

★ 선생님 존경합니다
'11.12.28

2) 인간생활에 있어서 가장 중요한 과목은 뭐니 뭐니 해도 도덕

선생니임~~ 저 ○○이에요. 요즘 날씨가 조금 춥지요? 몸조리 잘
하세요. 저 저번에 선생님이 마라톤 대회에서 우승하신 것 보고 감
동 먹었어요. 역시 선생님께서는 나이를 초월해서 우승을 하시고야
말았어요. 너무너무 자랑스러워요^^

선생님이 얼마나 좋은지 몰라요. 선생님과 저는 통하는 게 있다
구요!! 아아 박혜홍 선생님을 2학년 때 만났다면 더 더 더 좋았을
텐데… 그래도 제가 선생님 반에 들어오게 된 건 너무 자랑스럽
고 기뻐요^^

그런데 제가요 초등학교 때는 너무 소심해서 선생님들이랑 별로 친
하게 못 지냈어요. 그게 많이 후회가 되는데 이제는 노력해서 더 명
랑해지고 밝아졌어요. 그래서 선생님한테 말도 많이 하고 조금 까
불까불하면서 학교생활도 더욱 즐겁게 할 수 있게 되었어요. 하여
튼 저는 선생님만 보면 반갑구요. 말도 아~주 많이 하고 싶어요^^
선생님이랑 상담하는 것도 즐거웠구요. 그런데 뜨거운 만남은 ㅠㅠ
갑자기 도덕이 좋아지려고 해요. 이번 시험은 도덕 점수는::: 그
저 그랬구요. 하지만 기말고사 때는 더 더! 잘 볼 거예요^^ 인간
생활에 있어서 가~장 중요한 과목은 뭐니 뭐니 해도 도덕이죠~
저는 누가 뭐래도 우리 학교에서 선생님들 중 박혜홍 선생님이
제일 좋아요! 진심인 거 아시죠? 마지막 중학교 시절에 있어 제
게 소중한 선생님이 되어주셔서 감사합니다. 선생님~ 정말 진심
으로 항상 건강하시구요 삼삼한 우리 반을 만들려고 노력하시는

선생님 모습이 정말 자랑스러워요. 선생님 사랑해요!!⌒⌒ 이만 줄일게요.

-○○ 올림-
추신) 선생님 저 머리 이쁘게 잘랐어요~~

3) 체육보다 재미있는 과목은 도덕(아이들에게 상처받지 마세요)

선생님♡ 안녕하세요. 저는 1학년 ○반 이○○입니다.

선생님을 뵌 그날 저는 '드디어 기다려지는 수업이다.'라고♡ 생각했습니다. 도덕이라는 지루할 수도 있는 과목을 체육보다 재미있는 과목으로 이끌어 주시는 선생님을 뵈었기 때문입니다. 1학기에만 도덕수업이 있어 아쉽고 섭섭했지만 2학기에도 편지를 쓰는 오늘도 선생님을 뵌 것 같아 조금 덜하네요.

2학년 땐♡ 도덕수업이 없어서 아쉽지만 한 가지 위안은 선생님께서♡ 아마도 제가 졸업할 때까지는 같이 ○○중학교에 다닐 것 같아 마음이 편안합니다. 벌써 제가 후배들이 생깁니다. 2학년 때 자주 뵐 수 있을지 모르겠지만 자주 뵈었으면 하는 바람입니다. 그래도 섭섭한 마음에 편지를 씁니다.

또 어떻게 보면 당연한 거지만 많은 선생님들이 꺼려하는 일도 하시는 모습에 저는 다시 한번 마음을 다잡습니다. 제가 혹시 수업시간이나 그 외 시간에 도덕에 어긋나는 행동을 했다면 잠시나마 저의 사춘기가 왔다고 생각해 주실 거라♡믿습니다. 아이

들의 행동에 상처받지 마셔서 저보다 많은 아이들이 활기차고
재미있는 선생님의 수업을 기억했으면 좋겠습니다.
(글씨 말고 마음을♡ 봐주세요)

　　-2013년 2월 7일 목요일 존경하는 박혜홍 선생님의 제자 ○○○ 올림
　　　　　　　　　　　　　　　　　　　　※ 저 잊으시면 안 돼요~~

4) 도덕 시험 만점

안녕하세요. ○○입니다.
우선 여태까지 '도덕은 지루하다.'라는 고정관념을 깨시고 재미
있게 수업을 해주셔서 정말 감사합니다. 선생님 덕분에 이번 도
덕 시험에서 만점을 받을 수 있었어요. 앞으로 더 열심히 하는
모습 보여드리도록 노력하겠습니다.
그리고 제가 임원은 아니지만 우리 학급에서 일어나는 문제들을
해결할 수 있도록 최선을 다할게요. 이만 줄이겠습니다.

　　　　　　　　　　　　　　　　　　　　　　　　　2012.5.15

5) 도덕시간만 되면

선생님 안녕하세요? 저는 ○학년 ○반 ○○○입니다.
도덕시간에 공부할 때마다 너무 재미있어요. 이번 중간고사 때

문에 조금 힘들었어요. 특히 도덕만요. 근데 선생님께서 60세라고 하신 것 장난이죠? 만약 진짜라고 해도 너무 젊어 보이는 것 아니에요? 제 생각엔 선생님께선 항상 즐거운 생각만 하시고 항상 웃으셔서 그런 것 같아요.

저는요… 도덕시간만 되면 선생님께서 오신다는 생각에 너무 즐거워요. 선생님께 도덕수업을 받은 지 두 달밖에 안 되었지만 그동안 도덕 가르쳐 주셔서 감사합니다. 선생님 감사하구요 안녕히 계세요.

2004.5.14. 선생님의 가르침을 받은 ○○○ 올림

6) 최선을 다해

선생님 안녕하세요? ○○○입니다.

선생님께 수업을 받은 적은 없지만 저에게 많은 관심을 주시고 예뻐해 주셨던 것이 너무 감사해서 이렇게나마 감사드리는 마음을 전하고자 편지를 쓰게 되었습니다. 제가 1학년 겨울방학 12월 말에 전학을 와서 첫해를 보내게 되었습니다. 많이 개선되긴 했지만 원래 새로운 환경에 잘 적응하지 못하는 성격인 데다 전 학교와는 많이 다른 학업 분위기 때문에 조금 힘든 1년을 보냈어요.

1학기 기말고사 때부터 슬럼프가 오면서 성적이 많이 내려갔어요. 그런 결과에 적지 않은 충격을 받았고 학습 의욕도 점점 저하되고 있었어요. 그런데 마침 선생님께서 3월부터 저희를 가르

치신다는 말씀을 듣고 뭔가 열심히 살아야겠다는 생각을 하고 있어요. 초등학교 이후로 도덕은 배워본 적도 없고 슬럼프도 왔지만 모두 이겨내도록 노력하겠습니다.

잘 될지는 잘 모르겠지만 최선을 다해 중학교에서의 마지막 해를 열심히 보내도록 노력하겠습니다.

2013.2.7. ○○○ 올림

7) 조그마한 제 감사의 마음

선생님 안녕하시죠?

벌써 꽃내음이 짙은 5월의 봄입니다. 제가 이렇게 편지를 쓰는 이유는 스승의 날을 기념하여 조그마한 제 감사의 마음을 전하기 위해서입니다. 선생님이 처음 반에 들어오셨을 때 매우 유쾌한 말씀에 전 매우 재미있었습니다.

이렇게 스승의 날만 편지를 드려서 매우 송구스럽습니다. 또 선생님이 수업할 때면 어렵기만 한 도덕의 교과서에 있는 내용이 쉽게 이해가 갑니다. 앞으로 더욱더 많은 가르침을 주십시오. 이렇게 형식적으로나마 인사드리는 점 이해해 주시고 앞으로 더욱 착한 제자가 되겠습니다. 그럼 이만 물러가겠습니다.

1995.5.13. 제자 ○○ 올림

8) 도덕수업이 재미있고 즐거워요

도덕 선생님께

처음에는 도덕이 재미없을 줄 알았는데 수업을 듣다 보니 재미를 느끼고 즐거웠습니다. 특히 옆구리 팔뚝 꼬집혔을 때가 기억에 남았습니다.

선생님의 수업은 재미있고 즐겁습니다. 선생님의 기억에 남는 제자가 되면 좋겠습니다. 도덕뿐 아니라 여러 가지 잘 가르쳐 주셔서 감사합니다.

2002. ○학년 ○반 ○번 ○○○ 올림

9) 도덕이란 의미와 소중함을 깨달았어요

안녕하세요, 선생님.

선생님과 2학년 때 만나 2년 동안 제가 배운 게 많습니다. 사실상 도덕이라고 하면 예절이다 라고 딱딱한 개념이 있었는데 선생님을 만나고 선생님의 이야기를 들으며 자연스럽게 도덕이란 의미와 소중함을 느끼게 되어 너무 놀랍고 감사드려요.

이런 말 창피하지만 선생님 덕분에 친구들과 싸우지 않은 적도 있어서 제겐 선생님이 더 대단한 존재인 것 같습니다. 사랑해요♡

10) 매주 화요일마다 황당한 이야기를

안녕하세요? 선생님의 열렬한 팬인 김○○입니다.
선생님의 경험에서 우러나오는 재밌고 황당한 이야기를 매주 화요일마다 듣게 되어서 정말 좋았습니다. 선생님의 드럼 연주도 정말 기대돼요.

추신) 항상 건강하시고 행복하세요

현실에서 도덕적인 삶이 손해를 보는 경우를 목격했을 때 우리는 그 사람을 불행한 사람이라고 간주할 수도 있다. 하지만 도덕적인 사람은 어떤 상황이 닥칠지라도 불행해지지 않는다.

도덕적인 사람이야말로 행복할 자격이 있는 사람이다.

- 도덕수업에서 김○○ -

도덕적 목적을 따르는 삶은 우리의 영혼을 위대하게 만든다.

3.

인간 존중

자신을
존중하기

　자기 자신을 가치 있는 존재로 여기는 사람이 정신적으로 건강한 사람입니다. 모든 사람은 가치 있는 존재이므로 어떤 상황에 처하든지 무슨 말을 듣든지 스스로를 발전시킬 역량을 갖고 있다고 생각하는 것입니다. 이런 사람은 문제가 있다 하더라도 남 탓하고 불평불만하고 의기소침하거나 좌절하기보다는 스스로 해결해 나가며 성취감을 얻습니다. 굳건한 자기 존중감을 가진 사람들은 상황적 어려움이나 시련을 오히려 발전과 성공의 기회를 삼아 스스로를 지킬 수 있습니다.

그 대표적인 예가 한국 최초의 시각장애인인 故 강영우 박사입니다.

故 강영우 박사님은 13세 때 아버지를 여의었고, 이듬해 중학교를 다니던 중 학교에서 축구를 하다가 축구공에 눈을 맞아 시각장애인이 되었다. 눈을 고쳐보려고 안 다닌 병원이 없이 다녔어도 차도는

없이 집은 더 가난해졌다.

그 충격으로 어머니까지 세상을 떠났고, 몇 년 후에 의지하던 누나도 공장에서 일하다 과로로 죽는 바람에 그는 졸지에 10대 시각장애인 고아가 되었다. 9살 된 여동생은 보육원으로, 13살 된 남동생은 철물점으로 보내지고 본인은 맹인재활원으로 가면서 형제가 뿔뿔이 흩어지게 되었다.

어린 마음에 생각도 못 한 큰 충격을 받은 그는 한때 크게 좌절한 적도 있었으나 맹인도 하나님의 형상을 따라 하나님께서 창조하신 귀중한 존재임을 믿고《창세기》 1:26), 힘을 내기 시작했다. 점자를 배워서 공부한 끝에 맹인 최초로 연세대학교에 입학했다. 대학 졸업 후 미국 유학을 결심했다. 1972년 당시에는 장애가 유학의 결격사유였지만 그는 불평등을 없애달라는 청원서를 넣어 장애인 최초의 미국 정규 유학생이 되었다. 3년 8개월 만인 1976년에는 한국 최초의 시각장애인 박사가 되었다.

그 후 일리노이 대학교 교수, 일리노이주 특수교육 국장을 거쳐 2001년에서 2009년까지 미국 백악관 국가장애위원회 정책 차관보를 지냈다. 미국 대통령이 임명하고 그 임명동의안이 상원인준 절차를 거쳐야만 하는 연방정부 최고 공직자 500명 중 하나가 된 것이다. 유엔 세계장애위원회 부의장 겸 루스벨트 재단 고문으로 7억 명에 가까운 세계 장애인의 복지 향상을 위해 헌신하였다.

《세계인명사전》에 글로벌 리더로 이름도 남겼다. 강 박사님은 자신의 가난과 시각장애인이 된 불행을 원망하고 탓한 것이 아니었다.

> 긍정과 부정은 컴퓨터 자판의 스페이스 바 하나 차이다. 'nowhere
> (어디에도 돌파구가 없다)'에서 스페이스 바 하나만 치면 'now here(바로
> 여기)'로 바뀐다. 끝이라고 생각하면 끝이지만, 지금 여기라고 생각
> 하면 기회가 된다.
>
> – 2011.12.29. 《중앙일보》

그의 장남은 아버지의 눈을 고치려는 일념으로 공부하여 미국 안과
협회에서 떠오르는 별이란 안과계 지도자상도 받는 등 유명한 실력
있는 안과 전문의가 되고 워싱턴 DC지역 안과의사협회장의 자리에
올랐다. 차남은 오바마 정권의 입법 특별보좌관에 임명되었고 클린
턴 정부로부터는 차세대 지도자상도 받았다. 그는 자신의 파란만장
한 삶을 바탕으로 다수의 책을 출판했는데 특히 1987년에 출간된 그
의 영문판 자서전인 《빛은 내 가슴에(A light is my Heart)》는 여섯 개 국
어로 번역되었다. 아내와 함께 쓴 책은 방송 특집극으로 제작되었다.
그는 루스벨트 홍보센터에 루스벨트 정신과 유산을 구현한 각계각
층의 인물 127명 중에도 선정되었다. 환경이 좋지 않고 고난에 빠진
사람, 평범한 사람이라 하더라도 인간 누구에게나 속에 들어 있는
무한한 잠재능력이 있음을 믿고 노력한 대로 그의 꿈보다 더 큰 삶
을 영위하게 된 것이다.

▲故 강영우 박사와 두 아들

그의 삶은 많은 사람들에게 힘과 용기를 주었습니다.
그는 죽음에 직면하게 되었을 때 자기 주변의 많은 사람들에게
e-mail로 마지막까지 다정한 인사를 나누었습니다.

"슬퍼하거나 안타까워하지 않기를 바랍니다. 오히려 작별인사를 할
시간을 허락받아 감사합니다."

다음 페이지는 익명의 상담입니다.

전 중2 학생입니다. 제가 옛날부터 화를 낼 때 한 번에 많은 화를 방출하는데…
그걸 조절할 수 없습니다. 요즘은 더 심각해져서 얼마 전에 시험을 망쳤을 때
학교에서 화가 한 번에 폭발해서 친구들 앞에서 책상을 주먹으로 치고, 사물함
을 발로 차는 짓을 했습니다… 그것도 살짝이 아니라 엄청 강하게 내리쳐서 손
에 피가 났습니다…
참고로 전 평상시에는(화가 안 날 때) 친구들한테 욕도 안 하고, 일도 도와주고, 선생
님들의 말씀도 잘 듣는데 화를 낼 때 저렇게 거의 지킬박사와 하이드 씨처럼 변합니
다. 일단 작은 화라도 나면 심장이 순식간에 화가 나게 됩니다. 이거… 어떡하나요?

그래도 화날 때 남을 치거나 공격하지 않아서 다행이에요. 거기다
자신의 심각성을 깨달으니 참 다행이에요. 그러나 본인도 알고 있는
것처럼 심각한 분노 분출이 반복되면 습관이 되기 쉬워요. 그러다
나중에는 남을 공격하고 불특정 다수에게 해를 끼치는 죄를 저지를
수도 있다는 것을 명심해요.

어떻게 보면 내 생각은 항상 옳다, 내가 생각한 대로 되어야 한다,
완벽하게 하겠다 하는 완벽주의자로서의 생각이 자리 잡지 않았는
지 자기를 한번 객관적으로 보세요.

조곤조곤 대화로 해결하지 않고 무조건 억누르다 보니 그렇게 되었
을 수도 있어요. 여러 가지 요인이 있겠지만 이길 힘은 반드시 있어
요. 본인이 문제점을 아니까요. 다음의 성경 말씀을 읽고 또 읽으면
서 자신의 마음을 다잡아 가기 바랍니다.

노하기를 더디 하는 것이 사람의 슬기요 허물을 용서하는 것이 자기의 영광이니라

- 《잠언》 19:11

노하기를 더디 하는 자는 크게 명철하여도 마음이 조급한 자는 어리석음을 나타내느니라

- 《잠언》 14:29

노하기를 속히 하는 자는 어리석은 일을 행하고 악한 계교를 꾀하는 자는 미움을 받느니라

- 《잠언》 14:17

노하기를 더디 하는 자는 용사보다 낫고 자기의 마음을 다스리는 자는 성을 빼앗는 자보다 나으니라

- 《잠언》 16:32

부모님
존중하기

성경에는 부모님과 관련한 무시무시한 말씀이 있습니다.

> 아비를 조롱하며 어미 순종하기를 싫어하는 자의 눈은 골짜기의 까마귀에게 쪼이고 독수리 새끼에게 먹히리라
>
> – 《잠언》 30:19

> 그 아비나 어미를 저주하는 자는 반드시 죽일지니라
>
> – 《출애굽기》 21:17, 《레위기》 20:9

모세의 십계명 중 다섯 번째 계명도 '네 부모를 공경하라.'입니다. 신께 대한 4계명과 사람들에게 대한 6계명을 이어주는 계명이 부모 공경입니다.

전통 유교 사회에서도 나에게 생명을 주신 부모님을 공경하라고 가

르쳤습니다. 이 고귀한 생명을 나에게 주신 부모님의 마음을 편하게 해드리고 뜻을 받드는 것이 천륜이고 인륜이라는 것입니다.

형제자매가 많았던 나의 어린 시절만 하더라도 아버지께는 독상을 차려드렸고, 아버지가 숟가락을 드셔야 내가 들 수 있었고, 아버지보다 앞장서서 걷지도 않을 만큼 아버지께 예의를 갖추었습니다. 또 아버지도 자녀들 앞에서 언행을 조심하면서 심지어 아무리 힘든 일이 있어도 내색하지 않으셨습니다.

또한 어머니의 은혜와 사랑을 깨닫고 자녀들을 위한 희생과 노고에 대해 감사를 배웠습니다. 그렇게 대한민국은 지금 이 자리에까지 발전해 왔지요.

故 강영우 박사님의 아들은 아버지가 맹인이었지만 아버지를 존중하고 가르침을 잘 들었습니다.

맹인인 아빠는 캄캄한 밤에도 불을 켤 필요가 없었습니다. 어둠 속에서 나에게 성경 이야기와 동화 이야기를 읽어주시곤 하였습니다. 우리 아빠는 불빛조차 볼 수 없는 완전 맹인이지만 세상과 인생을 보는 선명한 비전을 가지고 있습니다. 그래서 눈 뜬 내가 맹인 아빠를 인도하는 것이 아니라 맹인인 아빠가 눈뜬 나의 인생을 선명한 비전으로 인도해 주십니다.

이렇게 에세이를 써서 하버드대학교 입학처 모두에게 감동을 주었고 인생의 소중한 교훈을 깨닫게 해주었다는 높은 평가를 받아 하버드대학교에 합격하는 영예를 얻었습니다.

한국 현대 경제학의 초석을 놓은 경제학자인 조 순(전 서울대학교 경제학과 교수, 전 서울시장, 전 경제부총리, 1922~2022) 선생은 다음과 같이 부모님을 회고하였습니다.

저희 집안은 퇴계 이황이나 율곡 이이와 같은 학자 집안은 아니었지만, 대대로 크고 작은 과거시험에 합격한 분들이 많았어요. 위로부터 배운 유학의 전통과 가르침은 대단히 강렬했죠. 무엇보다 부모님께서 늘 모범을 보여주셨고요. 그 영향력이 제가 성장하는 데 큰 밑거름이 되었습니다.

좋은 부모님 밑에서 자란 것을 지금도 무척 자랑스럽게 여기고 있어요. 부친은 아주 청렴하고 정직한 분이셨어요. 한문을 잘하시면서도 아주 현대적인 분이셨습니다. 또 모친은 아주 꿋꿋하고 의지가 강하셨고 사물을 보고 판단하는 능력이 예민하셔서 많은 사람들의 존경을 받으시는 분이셨어요. 부모님을 생각하면 언제나 자랑스러움과 긍지가 느껴져요. 우리 부모님은 언제나 최고였다는 생각은 지금도 변함없습니다.

그러나 요즘은 과학의 발달과 물질만능주의와 핵가족화가 가속화되면서 아버지를 공경하는 좋은 전통문화가 사라질 위기에 처해 있습니다. 아버지를 존중하지 않는 자녀가 어머니를 존중하겠는가. 형제자매 사이가 화목할 수 있겠는가. 가정이 흐트러지고 사람들의 정신과 마음이 혼미해지는 일들이 많이 생기게 되었습니다. 또 그게 뭐 어떤가 하면서 가볍게 생각하는 풍조가 확산되고 있습니다. 그런 풍조에 쉽게 물들거나 부모님의 훈계를 가벼이 여기는 일이 없었는지 돌이켜 보고 앞으로 부모님을 어떤 방식으로 존중해 나갈지 각자 생각해 봅시다.

> 내 아들아 네 아비의 훈계를 들으며 네 어미의 법을 떠나지 말라
>
> -《잠언》1:8

다음 글을 읽으며 부모님 존중하기에 대해 생각해 봅니다.

옛날부터 일본 사람들이 매우 무서워하는 것 4가지가 있었다. 그것은 지진, 화재, 벼락, 아버지였다. 아버지를 왜 무서워했는가. 자식들이 인륜(人倫)을 거역하거나 도리에 어긋나는 행동을 하면, 부모가 인연을 끊어버렸고 관가에 신고하게 되면 법적 효력이 발생하게 되어, 당사자인 자식은 경제적으로 엄청난 행동의 제약을 받게 되었는데 이런 무서운 처벌권의 행사는 가장인 아버지 おやじ(親父)가 가졌다고 한다. 'おやじ'란 말은 아버지나 일가의 가장을 이르는 것이다. 봉건적인 가족제도 아래에서는 아버지는 이처럼 절대적인 권력을 가진 무서운 존재

였다. '父無なしの無礼なやつの意いの悪口'란 일어표현에서도 아버지의 존재가 얼마나 중요한지 알 수 있다.

우리나라도 "배운 데 없이 제멋대로 자라서 버릇이 없는 놈"이 말에는 꼭 집안에 무섭게 훈계하며 이끌어 주는 아버지라는 존재가 없다는 뜻이 들어 있습니다.

"집에서 새는 바가지, 들에서도 샌다."는 우리나라 속담도 있습니다. 집에서 제대로 가정교육을 못 받았거나 받아도 시행하지 않는 사람은 밖에서도 인간 존중을 하지 않습니다. 부모님의 가르침이나 권유함에 대드는 청소년이 있다면 밖에서도 학교에서도 선생님과 어른에게 대들게 될 것입니다. 여러분이 멋진 중학생활을 하도록 도우시는 부모님께 예의 바르게 대해야 하겠습니다. 또 부모님과는 어떤 일이든 매사 대화를 나눌 수 있어야 합니다. 대화를 나눌 때는 좋은 표정으로 조곤조곤 말하는 습관이 몸에 배도록 해야 합니다.
다음은 교직에 있는 동안 학생들에게 받은 편지 중 하나입니다.

✈ 가족 간의 사랑이 얼마나 소중한지

선생님 그동안 안녕하셨습니까?
선생님께서는 제가 기억이 나시는지요? 저는 전학을 간 학생입니다.

제가 사회 시간에 모르는 낱말이 있어 국어사전을 꺼내놓고 찾을 때, 선생님께서 칭찬해 주셨잖아요. 그리고 전학 가느라 마지막 사회 시간에 저를 나오라 하시고 애들 앞에서 격려해 주시고 저랑 ○○이랑 brothers 하시며 혼나도 같이, 잘해도 같이하라고 하셨습니다.

그런데 선생님, 공부 시간에 조용히 하고 쉬는 시간에 시끄럽게 떠드는 게 이중인격자입니까? ○반의 ○○이 제가 그렇다고 이중인격자라고 합니다. 참 웃기는 킹콩이지 않습니까? 혹시 IQ가 두 자리? 설마~~ 한 자리겠죠. 선생님도 그렇게 생각하시죠?

아 참 제가 갑자기 한국에 돌아오게 된 이유는 아버지께서 건강에 이상이 생겼기 때문입니다. 그런데 먼저 오셔서 치료를 받으시고 가족을 위해 끝없이 연습과 노력을 하셔서 이제는 많이 회복되셨습니다. 아버지는 한국에 먼저 와계실 때 어머니와 저, 동생 생각을 하면 불쌍해서 눈물이 흘렀다고 하십니다. 저는 가족 간의 사랑이 얼마나 소중한 것인지 이제야 깨달았습니다.

…

다음에 또 편지 드릴게요. 건강히 안녕히 계십시오.

1999.12.22. 새해 복 많이 받으시와요. 제자 ○○ 올림

친구들
존중하기

중학교 시기는 친구에 대한 소유욕이 부쩍 늘어나게 됩니다. 내가 좋아하는 친구가 다른 아이와 얘기만 해도 질투가 나고 내 친구가 다른 친구와 친밀하게 지내는 것이 싫기도 합니다. 이런 특성을 이해하고 현명하게 마음을 잘 다스리는 게 좋겠어요.
또 친구와 친해질수록 예의를 잘 지켜야 해요. 각 사람은 서로 다른 장단점을 다 가지고 있다는 것을 이해하기만 해도 다툼은 줄어들 겁니다. 어떤 누구에게라도 배울 점이 있다는 것을 염두에 둔다면 소리 높여 싸우는 일이 없게 될 것입니다.

니시나카 쓰토무라는 일본의 전직 변호사가 쓴 《운을 읽는 변호사》란 책이 있습니다. 저자는 50여 년의 변호사 생활 동안 1만 명이 넘는 사람들의 삶을 곁에서 지켜봤습니다. 그 후 운이 좋은 사람과 운이 나쁜 사람에 대해 책을 내게 된 것입니다.

책에 이런 말이 있습니다.

'운'을 불러오기 위해서는 사람들과 다툼을 피하고 선행을 쌓아가야 한다.

그는 한 시대를 살아가고 있는 우리들에게 다음과 같이 권합니다.

얼마나 많은 존재들 덕분에 지금의 내가 살아가고 있는가? 살아 있음의 행운을 실감하고 경이와 감사의 마음을 가지는 것이 지금의 행운을 지키고 더 좋은 운을 부르는 비결이다. 반대로 살아 있음에 대한 감사함을 잊고 세상과 다투려고만 하면 행운은 달아나고 불운이 찾아온다. 우리 모두는 누군가의 희생으로 편안한 일상생활을 영위하고 있으므로, 항상 이에 대해 감사하는 마음을 가져야 한다.

- 〈다툼을 막는 것이 운을 지키는 비결이다〉 중에서

'다퉈서 좋은 일은 아무것도 없다.'는 것인데 우리나라에서도 화낸 끝은 좋은 게 없다는 말이 있어요. 그가 말하기를 신기하게도 재판에서 이긴 후에 불행해지는 사람이 많다는 것이었어요.

재판에 이긴 후에 회사가 도산하거나, 부도 어음을 받거나, 경영자가 교통사고를 당하는 등의 예를 수없이 봐왔다고 합니다. 분명 원한을 샀기 때문에 운이 달아난 것이겠지요.

다툼은 원한을 남기고 운을 달아나게 한다는 이 사실을 잊지 말라고 그는 재차 강조합니다.

친구의 실수나 작은 일로 마구 화내고, 다투고, 변명하고, 무시하고,

뒤로 흉보고, 아부하고, 나쁜 짓을 부추기고, 또 싸우고, 이런 식으로 하다 보면 좋은 삶을 살 수 없다는 것이지요. 현재도 그렇지만 미래에도 좋은 일이 생길 수 없다는 것입니다. 아무렇게나 행동하고는 '나는 사춘기다.'라고 변명한다면 운, 즉 좋은 일이 달아난다는 것이지요.

대표적으로 학급회의 시간에 자신은 발표하지 않으면서 발표하는 친구들의 말을 끊거나 무시하거나 하지 말고 귀 기울여 잘 들어야 합니다. 서로 존중하는 가운데 창조의 힘도 생기니까요.

수업시간에 열심히 발표하는 친구들을 흉본다거나, 남 흉보는 취미를 가졌다거나, 남에게 잘못을 뒤집어씌운다거나, 잘못된 생각을 마구 우긴다거나, 친구들을 부하처럼 대한다든가 등의 일로 서로 감정 상하는 일이 없으면 좋겠습니다. 실컷 잘못해 놓고는 '미안하다 했잖아.' 하면서 진심 없는 '미안해.'를 남발하지 않도록 조심해야 합니다. 인생에서 가장 친한 친구가 될 중학교 시절의 친구들을 놓치지 않기 바랍니다. 그런데 우리는 너 나 할 것 없이 자기만 옳다고 생각하기 쉬운 불완전한 존재입니다. 또 거창한 예를 들어봅니다. 모두가 벌벌 떠는 거인 골리앗을 단 한 방의 돌팔매로 이마를 맞춰 쓰러뜨려 목동에서 왕이 된 다윗 이야기는 유명합니다. 다윗이 승승장구하다가 마음이 풀어졌는지 무시무시한 죄를 짓습니다. 그러고도 잘못을 모른 채, 하고 싶은 대로 하고 있던 다윗에게 선지자 나단이 찾아옵니다. 와서 큰 죄를 저지른 어떤 사람 얘기를 하면서 이런 자를 어떻게 하면 좋겠냐고 다윗왕에게 물어봅니다. 그때 다윗은 길길이 화를 내면서 아주 엄한 벌을 줘야 한다고 입에 거품을 뭅니다. 심지어 그 사람은 마땅히 죽을 자라며 하나님께 맹세까지 합니다. 그러자 나단은 "**당신이 그 사람이라**《사무엘 하》 12:7)."고 합니다. 그러자 다행히 다윗은 변명하지 않고 하나님께 싹싹 빌었고, 나중에 하나님께서는 다윗을 내 마음에 합한 자라고 격려해 주셨지만 심은 대로 거두는 만큼 인생에 엄청난 괴로움이 많았습니다. 우리도 남에게 부당한 시비를 걸어 분쟁을 일으키고, 자기 기분대로 남을 괴롭힌다든지, 하고 싶은 대로 행동하거나 막말한다면 인생에서 좋은 일이 달아나게 될 겁니다. 물론 남의 악행을 눈감아 준다든가, 좋지 못한 일을 함께하라는 뜻은 아니라는 것은 잘 알겠지요? 이런 우리들이 다툼을 멀리하려면 어떻게 하면 좋을까요?

공자는 《논어》에서 "자기가 하고 싶은 것이 아니면 다른 사람에게 시키지 말라."고 했습니다. 내가 친구들에게 존중받기 바라면 내가 친구들을 존중해야 합니다. 친구의 어떤 모습이 싫었다면 내가 먼저 그런 행동을 하지 말아야 합니다. 친구들의 좋은 모습은 본받고 나쁜 모습은 버리도록 노력해야 합니다.

이 말보다 더 적극적인 의미가 황금률(Golden Rule)에 있습니다. 이는 '다른 사람이 나에게 해 주었으면 하는 행위를 하라.'는 것입니다. 예수님은 "남에게 대접을 받고자 하는 대로 너희도 남을 대접하라."고 말씀하셨지요《마태복음》 7:12, 《누가복음》 6:31).

친구의 좋은 점을 보면 본받고, 친구의 나쁜 점을 보면 나도 그러하지 않나 생각하여 고치도록 해야겠어요. 기본적으로 내가 듣기 싫었던 말이나 보기 싫은 행동을 남에게 하지 않도록 하도록 노력해야겠습니다.

타인이 너를 칭찬하게 하고 네 입으로는 하지 말며 외인이 너를 칭찬
하게 하고 네 입술로는 하지 말지니라

– 《잠언》 27:2

남의 자유를 방해하지 않는 범위 내에서 자기의 자유를 확장하는 것,
이것이 자유의 법칙이다.

– 칸트

남을 비판하듯이 나를 비판하면 욕먹을 일 없고
나를 배려하듯이 남을 배려하면 다툴 사람이 없습니다.

– sns에서

일본에서는 '중요한 것을 빠뜨리지 않도록 흥미 있게 듣기', '발언을
주의 깊게 듣고 자기 생각을 정리하기' 등을 교육의 중요과제로 내
걸었다고 합니다. 남의 말을 귀담아 들어주는 것도 친구들을 존중하
는 것과 다를 바 없습니다.

미국에서는 항암치료를 앞둔 친구를 위해 반 전체가 삭발을 한 이야
기도 있습니다. 소아암 환자의 가발을 만들어 주기 위해 더운 여름
에도 머리카락을 자르지 않고 3년간이나 고이 길렀다가 기부를 하는
여중생도 있습니다.

사람은 각각 다른 성격과 재능과 개성을 갖고 있다는 것을 알아야 합니다. 그러기에 서로 배울 점이 많습니다. 나에게 없는 장점을 친구는 갖고 있고. 또 친구에게 없는 장점이 내게 있으니 서로 비교할 수 없는 좋은 점들을 가지고 있는 것입니다. 그러니 서로 존중하는 것이 마땅하지요.

다음은 해 질 녘 농부가 수확을 마치고 '신에게 감사의 기도'를 올리는 장면을 그린 프랑스의 화가 밀레와 사상가 루소의 이야기입니다.

밀레는 처음부터 그의 그림이 인정받은 것은 아니었다.

그의 그림을 눈여겨봐 왔던 것은 평론가들이 아니라 "자연으로 돌아가라."의 사상가 루소였다. 작품이 팔리지 않아 가난에 허덕이던 밀레에게 어느 날 루소가 찾아왔다.

"여보게, 드디어 자네의 그림을 사려는 사람이 나타났네."

밀레는 친구 루소의 말에 기뻐하면서도 한편으로는 의아했다. 왜냐하면, 그때까지 밀레는 작품을 팔아본 적이 별로 없는 무명화가였기 때문이었다.

"여보게, 좋은 소식이 있네. 내가 화랑에 자네의 그림을 소개했더니 적극적으로 구입 의사를 밝히더군, 이것 봐, 나더러 그림을 골라달라고 선금을 맡기더라니까."

루소는 이렇게 말하며 밀레에게 300프랑을 건네주었다. 생활비가 없어 막막하던 밀레에게 그 돈은 생명줄이었다. 또 자신의 그림이 인정받고 있다는 희망을 안겨주었다. 그리하여 밀레는 생활에 안정을 찾게 되었고, 더욱 그림에 몰두할 수 있게 되었다.

몇 년 후 밀레의 작품은 진짜로 화단의 호평을 받아 비싼 값에 팔리기 시작하였다. 경제적 여유를 찾게 된 밀레는 친구 루소를 찾아갔다. 그런데 몇 년 전에 루소가 남의 부탁이라면서 사 간 그 그림이 그의 거실 벽에 걸려 있는 것이 아닌가? 밀레는 그제야 친구 루소의 깊은 배려의 마음을 알고 그 고마움에 눈물을 글썽였다. 가난에 찌들어 있는 친구의 자존심을 지켜주기 위해 사려 깊은 루소는 남의 이름을 빌려 자신의 그림을 사주었던 것이다.

다음은 학생들에게 받은 편지의 일부입니다.

1. 이러면 좋겠습니다

선생님 안녕하세요? 저 ○○입니다.

중 1학년이 된 지도 두 달이 넘었는데요. 지금은 학교생활에 잘 적응해 가고 있습니다. 좋은 친구들과 함께 1년을 보내게 될 것을 생각하니 정말로 즐겁고 뜻깊게 지낼 수 있을 것 같습니다. 선생님 아래에서 더 많이 배우려고 노력하고 공부하도록 노력할 것입니다. 1년을 편하고 즐겁게 보낼 수 있도록 모두 노력하면 좋겠습니다. 선생님이 주시는 사랑으로 배우고 우리에게는 더 많은 가르침을 주시면 좋겠습니다.

앞으로는 반 아이들과 더 친하게 지내도록 노력할 거구요. 이번 중간고사를 보고서는 깨우쳤습니다. 공부를 정말 열심히 하기로… 실망도 많이 했는데요. 공부를 열심히 한 것도 아니기 때문에 많이 반성하게 되었습니다.

중간고사 점수가 많이 안 좋았는데 칭찬해 주시는 말씀과 힘이 되는 말씀을 해주셔서 정말 감사합니다. 고생도 많이 했지만 다음 기말고사 때에는 학생으로서의 역할을 충실히 하여 꼭 좋은 결과를 받을 수 있도록 노력하겠습니다. 선생님의 좋은 뜻을 받아 선생님 기대에 어긋나지 않는 훌륭한 학생이 되겠습니다. 정말 하루가 재미있고 즐겁습니다. 정말 감사합니다.

선생님을 존경하는 ○○ 올림

2. 수련회에 안 가고 싶은 이유

선생님 안녕하세요? ○○이에요^^

중학교 생활에 익숙해져 말썽을 많이 피운다는 중2 시절과 함께 공부에 매진해야 할 중3 때에도 사제라는 이름의 인연으로 다시 만나 뵙게 되었네요.

선생님

저는 수련회에 가고 싶지 않습니다.

피곤하기 때문입니다. 보통 수련회에 가면 정신적 육체적 훈련이다 하며 '기합'들을 받는데 수련회에서는 이를 어중간하게 행하는 경우가 많습니다. 저는 이 '어중간함'이 싫습니다.

두 번째 이유는 재미가 없어서입니다. 수련회에 가는 이유는 크게 정신적 육체적 훈련을 받기 위해서와 학급 친구들과의 우정을 다지기 위해서 즉 '즐거운 시간을 가지기 위해서'라고 말할 수 있는데 이때 후자에서 꼭 빠지지 않는 것이 있죠? 바로 밤새워서 놀기 위해서입니다.

허나 저는 제 인생 중 16년 중 수련회에 갔을 때 밤을 새운 적은 단 한 번밖에 없습니다. 낮 시간 동안 한 많은 활동들에 지쳐버렸기 때문이죠. 불이 꺼지면 절로 잠이 오는 제 신체리듬 탓도 있겠지만… 밤을 새웠다는 그 한 번도, 사실 보면 밤을 끝까지 샌 것이 아니라 중간에 잔 거라… 밤샘할 땐 뭐 하고 노나? 하는 저의 호기심을 충족시키기만 하고 잔 끝이었는데 그때 보니 모두 진실게임을 애용하는 것 같더군요.

헌데 저는 진실게임 같은 건 좋아하지 않을뿐더러 별 재미를 느끼지 못합니다.

캠프파이어 혹은 레크레이션도 마찬가지구요. 때문에 저에게는 '수련회=친구와 우정을 쌓는 때'라는 공식이 적용되지 않습니다.

선생님
저는 위와 같은 2가지 이유로 수련회에 가고 싶지 않습니다.
제 마음을 헤아려 주세요.

2008년 3월 25일 화요일
수련회에 가고 싶지 않은 선생님의 제자 ○○ 올림

3. 고정관념을 깨겠습니다

선생님 저 제자 ○○이에요.

정말 정말 뵐 면목이 없어요. 성적도 많이 떨어지고 까불기나 하고… 어제 일어 성경부로 바꿨는데요 너무 좋아요. 분위기… 예수님의 얘기를 들을 수 있고…

전 가끔씩 제가 행운아라고 장담합니다. 저 계속 지켜봐 주세요. 착실한 학생이 될게요. 부디 기대를 버리지 말아 주세요. 놀 땐 놀고 공부할 땐 공부하고 처음에 ○학년 ○반에 올 때 전 늦게 와서 자리 없어서 뒤에 서 있었죠. 그때 선생님께서 말씀하시는 걸 봤구요. 열심히 공부하기로 결심했어요. 그때. 이번 중간고사도 공부 열심히 하긴 했는데 너무나 저 자신에게 실망했고요. 다시는 실망하지 않게 노력하겠어요.

정말 저희 반에는 착한 애들 밖에 없어요. 학교에 오는 게 하나의 기쁨이 될 만큼… 가장 행복할 것 같은 예감이 들고요. 제 장래희망이 만화가, 디자이너라고 한번 말씀드렸었죠?

전요 제 분야에서 최고가 되는 게 꿈이에요. 전 '만화가는 공부 못한다.' 이 말이 제일 싫고요… 전 고정관념⑦을 깰 거예요. 응원해 주세요.

95.5.13 제자 ○○○ 올림
추신) 열심히 할게요. 미술공부도 열심히 하고요.

다음은 퇴직 후 SNS에 올라온 익명의 고민 상담을 익명으로 답한 내용입니다. 읽으면서 친구와의 관계를 생각해 봅시다. 익명이라 하더라도 맞춤법이나 띄어쓰기를 제대로 해야 합니다. 또 '~같아요.' 하는 말을 습관적으로 쓰지 않는지 아름다운 한글을 품위 있게 잘 쓰면 좋겠습니다.

1. 사람들이 날 찾거나 좋아하게 하는 법

이제 막 방학식을 한 학생입니다. 이번 연도에 친구들도 여럿 만나보고 아는 사이가 됐지만 정작 깊은 친구(?)라고 해야 하나 그런 친구가 하나도 안 생긴 거 같아요… 물론 여러 일이나 제 부족함도 있을 거라고 생각해요… 그래서 다음 학기를 위해서 사람들이 저한테 끌리고 절 좋아하고 예를 들어 겜 할 때나 놀 때 저를 계속 찾는 그런 사람이 되고 싶어요… 물론 쉽지 않겠지만 원래 자존심이 높아 친구도 잘 사귀는 저였지만 뭔가 학년이 올라갈수록 점점 달라지는 분위기 자존심도 살짝씩 깎이더라고요… 좀 도와주시면 감사할 거 같아요!

깊은 친구는 하루아침에 생기는 것이 아니랍니다. 오죽하면 평생에 친한 친구 세 사람이 있으면 성공한 사람이라는 말까지 나오겠어요. 친한 친구 세 사람 만들기도 어렵다는 것이지요.

친구는 평생 조심하고 노력해야 만날 수 있는 일이고 또 본인도 남에게 깊은 친구가 되도록 하는 것도 중요하지요. 그러니 너무 조급해하지 말고 만나는 모든 이에게 친절하고 예의 바르게 대하면 사람 사귀는 기초가 되지요. 물론 그렇다고 막말하고 폭력 쓰고 내게 뭔가 강요하는 그런 사람에게까지 굽신대고 하는 것은 물론 절대 아니지요.

그리고 아직 모두 어려서 그렇기도 하지만 자존심보다는 자부심, 자긍심, 자존감을 갖는 게 좋아요. 항상 내가 세상의 중심이 되어야 하고, 사람들이 날 좋아해야 하고, 날 따르도록 해야 한다는 생각을 하다 보면 삶이 피곤하고 오히려 사람들이 피하는 사람이 될 가능성이 높아요. 인간으로서 서로 존중하며 살아갈 때 위의 모든 것은 더하여 오게 되는 것이에요.

2. 열등감 안 느끼는 법

저랑 나이가 같은데 저보다 뭔가를 더 잘하는 사람을 보면 자존감이 떨어져요. 그동안 내가 해왔던 건 뭐였지? 하면서… 그리고 그 사람을 시기 질투하게 돼요. 내가 이 일에 재능이 있나 보다, 열심히 해야겠다! 하는 생각도 그런 사람을 만나면 다 없어져요. 어차피 노력해도 쟤보단 안 되겠지 하면서 자꾸 먼저 포기해요. 이런 생각 고치는 법 좀 알려주세요.

평온한 마음은 육신의 생명이나 시기는 뼈를 썩게 하느니라

— 《잠언》 14:30

시기 질투는 내 몸에 안 좋아요~ 그러니 생각을 조심해야 하는 것이지요. 인류의 죄성(罪性)이 바로 시기 질투예요. 성경의 《창세기》에 벌써 나와 있지요. 카인과 아벨은 형제 사이인데 형 카인이 동생 아벨을 시기하여 죽이고 말았어요. 하나님께서 동생 제사는 받으시고 자기 제사는 안 받으셨다는 게 이유였어요. 이와 같이 많은 사람들이 시기 질투의 감정에 종종 시달립니다. 그 시기 질투의 감정에 휩싸이면 자신의 재능도 잘 발휘하지 못하게 됩니다. 쓸데없는 열등감이 자신의 재능을 누르기 때문이에요. 그렇다면 어떻게 생각을 바꾸면 좋을까요?

남과 비교하기보다는 어제보다 더 나은 내가 되도록 부단히 노력하는 겁니다. 왜냐하면 우리는 서로 비교할 수 없는 각자 독특한 존재거든요. 잘하는 사람을 보면 배울 점이 많구나 생각하고 하나님께서 각 사람에게 주신 각종 재능을 더 갈고닦아 나아가는 것. 그게 멋진 인생 아닐까요?

3. 제가 왜 이런 사고방식을 가지게 됐을까요

저는 16살 여자인데요 제가 생각해도 저는 좀 뭐랄까 되게 제멋대로 하는 것 같아서요. 일단 저는 어렸을 때도 이쁘다는 말을 들었지만 중2 올라가면서 잘 꾸미게 됐어요. 그러다 보니까 인기는 많았고 언제나 절 좋아하는 남자애는 있었어요.

그전부터 항상 저랑 정말 소중한 친구랑 동생 말고는 모두 별것도 아닌 사람들이라고 생각했고 누가 저에게 약간의 상처라도 주면 아무리 그 전에 잘해줬던 사람이라도 'A 따위가 나한테 상처 주네.'라고 생각하고 버렸던 것 같아요. 마음이 약해서 그럴 때마다 미안하긴 한데 저한테 상처 줬는데 어쩔 수 없잖아요. 이렇게 모든 사람 깔보고 그러는 게 저만 그런 건가요? 티는 잘 안 내는데 앞으로 이렇게 산다면 문제 생길까요? 왜 이런 사고방식을 가지게 됐나요?

아주 좋은 질문이에요.

16세라니 그래도 아직 어린데 이렇게 자기를 돌아보는 자체가 훌륭하네요. 글쓴이가 남을 깔보는 걸 티 내지 않는다고는 하지만 표정이나 말투에 나타나게 마련이지요. 그걸 느끼는 상대방은 마음이 안 좋을 거예요. 잘못하면 다툼도 일어나기 쉬워요. 인간은 누구나 불완전해요. 그러니 누가 누구를 깔볼 수 없는 거예요.

이스라엘에 사울이라는 잘 생긴 왕이 있었어요. 처음에는 겸손했는데 좀 잘나가게 되자 그는 자기 멋대로 했지요. 하나님은 그를 버리고 다윗을 왕으로 앉힌 일이 성경에 자세히 기록되어 있어요.

얼굴이 예쁘니까 더욱 겸손하기.

마음이 부드러워서 친구들의 말을 잘 용납해 주기.

열공하고 운동도 열심히 하고 좋은 책 많이 읽기.

실력도 있고 늘 하하 호호 웃는 멋진 사람이 되기 바랍니다.

4. 장난인지 모르겠어요

제 생일 롤링 페이퍼에 '그만 좀 쳐다봐, 생일 안 축하해 라고 할 뻔', '말 좀 똑바로 해.' 이런 게 몇 개 적혀 있었는데 글씨체 보니까 평소에 친하진 않고 그냥 장난 조금 치는 정도인 애들이 적은 거 같았는데 이게 장난인지 아님 제가 싫은 건지 구분을 못 하겠어요. ㅠ

평소에 말도 안 거는 사이면 그냥 싫어하는 거구나 하겠는데 걔네가 항상 먼저 말 걸고 그랬거든요. 그래서 무슨 의도로 그렇게 말한 거고 제가 어떻게 받아들여야 하는지도 잘 모르겠어요.

무례한 카드 받고 속상해하고 있군요. 생일 롤링 페이퍼에까지 그런 장난을 한다는 것은 기본 예의가 안 갖추어 있는 친구들이네요. 1년에 한 번 생일 축하 롤링 페이퍼에 그런 글을 장난이라고 하다니!! 그래도 어떻게 반응하는가 하는 것은 글쓴이의 선택에 달려 있겠지요.

1) 하지 마 이게 뭐야 하면서 대수롭지 않게 반응하는 방법
 - 화내거나 꽁하면 내 감정만 소비되니까.
 - 그들이 글쓴이가 화내도록 유도하는 것에 넘어가지 않아도 된다.
2) 모르는 척하는 방법
 - 상대방의 장난이나 어떤 의도에 넘어가지 않겠다는 마음.
3) 그런 장난을 친 친구들을 너그러이 생각해 주기

4) 그래도 그런 좋지 않은 장난에 대해서 정색을 하고 말해주기
   - **네가 쓴 글은 네가 지워.**

▲욕 대신 꽃 던지기, 뱅크시 作

선생님
존중하기

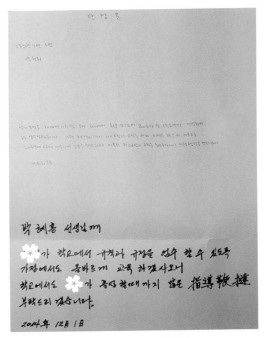

▲가장 감동받은 아버님 편지

어느 날 학생에게 반성문을 써 오라고 했는데 그 학생의 아버님
이 이렇게 단정한 필체로 함께 써 보내주셨습니다. 이와 같이 학교
는 학생들, 학부모님들, 선생님들이 긴밀한 관계를 가지고 교육을
주고받는 곳입니다. 주로 수업을 통해 선생님이 학생을 가르치는 일
이 대부분이지만 때로는 학생들에 의해 선생님도 배우고, 학부모님
들로 인해 감동을 받기도 합니다. 학교는 이렇게 보호자와 교사가
서로 배움을 주고받는 가운데 각 학생들의 건전한 발달에 도움을 줍
니다. 미국이나 일본에서는 Parent-Teacher Association(학부모 교
사 협의회)이라 하여 학부모와 교사 간 협력을 중요하게 여깁니다. 한
학생을 훌륭하게 성장시키기 위해 노력하는 부모님, 선생님들과 예
의 바르게 상담하고 소통하는 좋은 관계를 맺는 것이 행복한 학교생
활을 위한 길입니다.

다음은 학생들에게 받은 편지입니다.

1. 선생님 참 잘하셨어요

안녕하세요? 제가 2학년이 되어서 선생님을 뵌 지 엊그제 같은
데 벌써 5월이 가고 있습니다. 어떻게 생각하면 짧지만 긴 시간
동안 선생님께 한 번이라도 감사하다는 마음을 전해드리지 못해
부끄럽고 죄송스럽습니다. 선생님께서는 우리 반을 사랑으로써
다스리시기 위해 온갖 애를 쓰시고 걱정해 주신 점 고맙습니다.

이렇게 고마운 마음을 가지고 선생님 말씀을 잘 들으려 해도 잘 되지 않네요. 그때마다 선생님께서 화가 나신 마음을 참으시면서 저희들을 위해 사랑으로 다시 대해주셨습니다. 또 우리 반 아이들이 힘이 없고 울적해 보일 때마다 선생님께서는 또 즐거운 말씀으로 저희들을 기쁘게 해주셨습니다. 이렇게 선생님께서 저희들을 위해 너무나도 애를 쓰시고 노력하셨지만 그 반면에 저희들은 선생님 속만 태워드린 것 같아 너무나도 죄송스럽습니다.

앞으로 저는 이 은혜에 보답하기 위해 모든 일에 최선을 다하며 모든 일에 집중하고 선생님 말씀을 잘 듣겠습니다. 하지만 이 보답은 선생님께서 저희에게 베풀어 주신 은혜와는 비교될 수 없지만 선생님께서 만족하실 수 있도록 노력하겠습니다. 선생님 정말 감사합니다.

1995.5.13. 선생님을 사랑하는 제자 ○○ 올림

2. 선생님 같은 숙녀

도덕 선생님께

안녕하세요? 날씨가 점점 더워지는 걸 보니 여름이 다가오려나 봅니다. 처음 선생님의 첫인상이 매우 좋았습니다. 그 후 선생님을 아주 좋아하게 되었고 요즘은 도덕시간이 무척 기다려집니다. 엄할 땐 엄하시면서 자상함을 잃지 않으신 선생님을 보면서 저도 이다음에 커서 선생님 같은 숙녀가 되고 싶다는 생각을 해

보았습니다. 언제나 선생님 기대에 어긋나지 않는 학생이 되겠습니다. 언제나 옆에서 지켜봐 주세요.
그럼 이만 쓰겠습니다. 안녕히 계세요.

1995.5.15. 2-2 ○○○ 올림

3. 그래도 꿋꿋이

선생님 안녕하세요? 저 ○○이에요.
벌써 새 학년이 시작된 지 2달이 훌쩍 지나갔네요. 철없는 저희 반 때문에 많이 힘드시죠? 제가 선생님 마음 다 이해해요. 그래도 꿋꿋이 우리 반 잘 이끌어 주셔서 감사합니다. 제가 학급 부회장으로서 회장을 도와 반을 잘 이끌어 가야 할 텐데… 앞으로 열심히 봉사할게요. 다시 한번 스승의 날 축하드리고 항상 감사드립니다^^

2007.5.

4. 그 사실만으로도

선생님 안녕하세요? ○○○입니다.

이제 저희를 가르치시지는 않지만 선생님께서 저희 학교에 계시다는 사실만으로도 너무 든든하고 기분이 좋습니다. 여태껏 제가 다음 학년으로 올라가고 나면 작년 선생님들께서 모두 다른 학교로 가시거나 그만두셨거든요.

제가 비록 자주 찾아뵙지는 못해도 항상 선생님을 생각하고 따른답니다^^ 선생님 기대에 어긋나지 않는 멋진 훌륭한 제자 되도록 열심히 하겠습니다.

2013년 스승의 날에 ○○ 올림

5. 저도 선생님처럼

선생님 안녕하세요? 저 ○○○입니다(작년에 1-○반이었어요).

2학년 올라와서 정말 많이 그리웠어요. 선생님이 얘기해 주시던 추억 이야기, 도덕 이야기들이 머릿속에서 자꾸 어른거려요. 솔직히 말해서 특히 창재 시간에 많은 그리움을 느끼곤 해요. 지금 선생님도 물론 좋으시지만 제 맘 아시죠?

저 선생님한테 인사 잘하라고 들은 이후로 정말 열심히 인사하고 있답니다. 그리고 선생님의 드럼 실력!! 이야 정말 대단했어요. 너무 멋있어서 가슴이 뭉클해지더라구요.

선생님 맡은 반 애들은 어때요? 선생님 속 썩이는 애들은 없어요? 제가 혼내줄게요(물론 선생님이 매로(?) 잘 다스리시겠지만요). 정말 선생님이 그립고 고마운 마음뿐이에요.

사랑합니다 선생님.

그럼 안녕히 계세요. 2010.4.

6. 선생님은 캔디

외로워도 슬퍼도 나는 안 울어~
참고 참고 또 참지 울긴 왜 울어~
언제나 소녀 때의 순수함을 잃지 않으시고 해맑은 미소를 보내주시는 박혜홍 선생님! 세월이 흘러도 선생님은 저희들의 영원한 캔디랍니다.

○○중학교 편집부

7. 지적해 주셔서 감사합니다

선생님, 안녕하세요? 저 ○○이에요.
저번에 동복 치마가 학생과 맞지 않게 너무 짧다고 지적해 주셔서 감사합니다. 역시 용의 복장이 편해야 마음도 편해지는 것 같습니다.

다음 글은 모 중학교에서 학생이 비속어의 뜻을 제대로 모르고 썼다가 일어난 일입니다.

어느 해 여름방학이 다가와서 방학 계획표를 써 오라고 했더니 어떤 남학생이 'ㅇ나게 열심히 공부하자.' 이렇게 써 왔다. 아니 선생님께 감히 어떻게 이런 추한 말을!
불러다 큰 목소리로 호되게 야단을 쳤다. 심지어 혜홍도란 막대기로 허벅다리를 짝짝 때렸다. 이 무례한 놈! 나의 기세에 눌려 아무 소리 못하고 실컷 혼난 남학생은 울먹이며 숨을 죽이다가 흐느끼면서 말했다.

"근데 제가 왜 이렇게 혼나야 하는지 모르겠어요…"
'아오~'

학생을 쳐다보니 정말 모르겠다는 표정이다. 이 황당한 상황을 어찌할지 몰라 당황하고 있을 때 나이 지긋한 남선생님이 "날 따라와." 하며 그 남학생을 상담실로 데리고 갔다.
얼마 후 돌아온 남선생님은 나한테 "학생에게 잘 말해줬어요."라고 하셨다. 어떻게요? 물어봤더니 그 선생님은 주저주저하며 한참 뜸을 들이더니 "그… 그… ㅇ이란 게 뭔지 설명해 줬습니다. 이제 알아들었을 거예요." 하셨다…

지금은 어른이 되어 있을 그 학생은 'ㅇ나게'란 말을 들으면 중학시절 매 맞았던 기억이 날까 아니면 또다시 대수롭게 여기지 않고 주변 사람들 따라 비속어를 쓸까 궁금하다.

요즘 수준 낮은 학생들이 종종 사용하는 'ㅇ나게' 대신 매우, 굉장히, 무척, 아주 이런 단어를 썼다면 혼날 일이 없었겠지요. 말과 글은 그 사람의 품격을 나타내는 것이고 습관처럼 하는 말들이 자신을 형성해 나간다는 것을 명심해야겠어요. 요즘 앞에 '개' 붙이는 것도 쓰지 맙시다. 평소에 쓰던 말이 아무 때나 툭 튀어나온다니까요. 그러다 중요한 곳에서 이상한 말이 툭 튀어나오면 안 되겠지요? 욕하고 사는 학생은 욕이 습관이 되어서 욕하는 사람들을 만나기 쉬워요. 유유상종이니까요. 세계적으로도 인정받은 한글을 아름답게 잘 쓰도록 합시다. 앞으로 한글이 세계공용어가 될지도 모릅니다. 지금도 세계 곳곳에서는 한글을 배우고 있고 대학에서 제2외국어로도 채택하고 있습니다. 또 우리나라에는 많은 외국인 유학생들이 와 있습니다. 그들에게 아름다운 말을 함께 나누지는 못할망정 격이 낮은 말들이 귀에 들어가지 않으면 좋겠습니다.

실제 욕을 많이 쓰는 아이는 감정 조절도 잘 못 하고 품성이 나쁜 걸 볼 수 있어요. 당연히 마음이 흔들리고 어지러워서 공부에도 집중을 못 하게 됩니다. 말하는 것만 들어봐도 그 학생의 수준은 물론 가정의 수준도 알 수 있지요. 많은 학생들이 욕설이 섞인 말을 한다고 해도 K-중학생은 욕을 하지 않아요. 끼리끼리 욕을 하면서 누가 더 센가 내기하는 것처럼 보이지만 결국 자기 수준이 저질임을 보여주는 겁니다. 심지어 남학생들은 친구의 이름을 부르기보다는 '야 이 새ㅇ야.' 하고 부르는 경우가 있는데 그러다가 사전에 '새○란 남자를 일컫는 말'이라고 바뀔까 봐 걱정입니다.

뭐든지 1등 하기를 좋아해서인지 우리나라처럼 욕이 발달한 나라가 없습니다. 가까운 일본의 예를 들더라도 욕이라면 그저 '바보' 정도입니다. 그것도 TV에서 까부는 자들이 가끔 쓰지 일상생활에서는 거의 쓰지 않습니다. 욕하는 것도 습관이 들면 아무렇지도 않게 쉽게 내뱉게 되니 아주 조심해야 합니다. 무엇보다 욕을 하면 그 욕이 자기에게로 돌아온다는 것을 알아야 합니다. 그걸 안다면 쉽게 남에게 욕이나 거친 말을 할 수는 없겠지요.

이렇게 글을 쓰는 나도 특히 생각나는 게 하나 있어 얼굴이 뜨거워집니다. 말은 한번 내뱉으면 주워 담을 수 없기 때문에 아직도 얼굴이 뜨겁습니다.

어느 날 교문 지도를 하고 있는데 약 20분 정도나 지각한 남학생 무리들과 눈이 마주쳤어요. 그럼 예전의 학생들처럼 후다닥 뛰어와서 "안녕하세요 선생님, 다음부터는 지각 안 할게요."라고 할 줄 알았지요. 그런데 예상과는 달리 아예 불량한 태도로 천천히 걸어옵니다. "지각하지 말자~" 하니 어랍쇼! 어디서 듣도 보도 못한 불량한 말투로 껄렁껄렁대면서 "우리가 무슨 지각이에요?"라면서 덤비는 겁니다(무리가 되면 도덕성이 떨어집니다. 무리가 되면 나쁜 짓을 쉽게 합니다).

푸아아하하학!!!!!!~~~

그간 나름 도덕 선생님으로서 갈고 닦으며 모습을 드러내지 않던 내 속에 숨어 있던 야수성이 튀어 올라 나왔습니다. 내 두 눈은 커지면서 불기둥이 튀어나왔고, 양 눈썹의 높이도 달라졌습니다. 심장의 급한 박동과 함께 추운 날 내 작은 콧구멍에서는 뜨거운 콧김이 분수처럼 뿜어져 나왔습니다. 내 입에서는 침과 함께 학교에서 극소수의 남학생들끼리 수시로 내뱉던 그 나쁜 말이 악센트까지 더해져서 튀어나왔습니다. 수업 중엔 늘 존댓말을 썼지만 이 사건 후 예리한 ⑺ 남학생들은 그냥 넘어가지 않았습니다. 소문은 순식간에 퍼집니다. 나는 남학생들 사이에서 '형님'이 되었습니다. 다행히 지각생들은 졸업할 때까지 다시는 지각하지 않았습니다. 부모님들께 그들의 불량한 언행을 일러주고 부모님과 함께 도덕책을 읽고 반성문을 써 와야 했기 때문이었습니다.

미국 건국의 아버지로 불리는 벤자민 프랭클린은 덕에 관련된 자기 기록부를 만들어 나쁜 습관들을 끊어내기 위해 애를 썼습니다. 인격이 높은 사람이 결국 성공하게 된다는 것을 잊지 마세요. 이 글을 쓰는 나도 잊지 않겠어요. 인간은 끝없이 공부해야 하는 존재이니까요.

4.

남녀는
이렇게 달라요

이성교제에
대하여

　　과거에는 '남녀칠세부동석'이라 하여 어릴 때부터 남녀는 자리를 함께하지 않을 정도로 엄격하게 남녀 사이를 구분했습니다. 오랫동안 그런 문화가 전해온 것이 청소년들에게도 영향을 미쳤지요. 내가 국민(초등)학교를 다녔던 1960년대만 하더라도 4학년이 되면 남자반 여자반으로 나누었댔어요. 중·고등학교는 아예 남학교와 여학교로 분리되어 있었고 점차 남녀공학이 되었지만 한 학교 내에서 남자반, 여자반으로 갈라져 있기도 했지요. 그러다 보니 이성교제가 교칙으로 아예 금지되었던 때도 있었습니다. 요즘처럼 중학교에서 남녀가 함께 짝으로 앉게 된 것은 역사가 짧아요.

　　1995년도에 초판 발행되어 2000년 3월 1일에 발행된 1학년 도덕 교과서에는 이성교제라든가 성(性)에 관한 내용은 없었습니다. 2001년 3월 1일에 초판 발행된 도덕1 교과서에 '이성 친구에 대한 이해,

이성 간에 지켜야 할 예절'이란 소제목으로 이성교제에 관한 이야기가 나오고 있습니다.

2012년 8월 31일에 교육과학기술부 검정 중학교 1학년 도덕 교과서에는 〈성(性)과 이성교제에 대한 바람직한 자세〉라는 제목으로 '올바른 성, 아름다운 사랑', '청소년의 성과 이성친구'라는 소제목이 있습니다. 이성교제를 넘어서 이제는 입에 담는 것을 금기시했던 성(性)에 관한 설명이 나오고 있습니다. 심지어 아직 사랑과 성적 욕망을 혼동하지 말라고 가르치고 있습니다. 중학교 1학년 교과서에 굳이 이런 내용을 넣어야 할까, 이걸 어떻게 가르쳐야 할까 고심도 했지요. 요즘은 신체 발달이 옛날보다 빠르고 인터넷 등으로 온갖 것이 눈에 들어오는 만큼 더 빨리 교육을 시켜야 한다는 절박함 때문에 도덕 교과서에 그렇게 쓴 것 아닐까요?

연구에 의하면 남자 청소년들은 성에 대해 충동적이기 쉽다고 합니다. 여자 청소년들은 성보다는 감성적인 부분이 더 많은 비중을 차지한다고 해요. 대부분의 청소년들은 열심히 공부하며, 운동하며, 좋은 책을 읽으며 청소년 시절의 성 에너지를 멋지게 승화시키고 있지요. 그러나 그중에는 성과 사랑을 구분하지 못하고 충동적 행동을 하다가 나락으로 떨어지는 경우도 종종 있으니 아주 조심해야 합니다. 다음은 극단적인 사례이지만 성경의 기록이니 여러 청소년들도 깊이 생각하여 교훈을 삼기 바랍니다.

인간의 온갖 이야기가 기록되어 있는 성경에 보면 암논과 그의 간교한 친구 요나답, 그리고 다말에 관한 이야기가 나옵니다(《사무엘 하》 13:1~19).

암논이 다말을 좋아하다 못해 병이 나자 간교한 요나답이 계책이라고 알려준 것이 성폭력이었어요. 침상에서 병든 체하다가 다말이 과자를 가지고 병문안 오도록 하여 먹여달라고 하라고 시킨 것이지요. 다말이 과자를 만들어 가져오자 암논은 모든 사람을 나가라고 한 후 다말에게 먹여달라고 합니다. 아무것도 모르는 다말이 말 그대로 하려고 할 때 아픈 척하던 암논은 갑자기 돌변합니다. 물론 다말은 저항을 하지요. 그러지 말라고. 나를 욕되게 하지 말라고 말합니다. 이런 괴상한 짓을 하지 말라고 간청합니다. 그래도 이미 성적인 충동에 사로잡힌 암논은 기어이 다말을… 성경에는 이렇게 표현되어 있습니다.

> 암논은 그 말을 듣지 아니하고 다말보다 힘이 세므로 억지로 동침하니라

그 후 더 큰 문제가 일어났습니다.

> 암논이 저를 심히 미워하니 이제 미워하는 마음이 전에 연애(사랑)하던 연애보다 더한지라

심지어 내쫓습니다. "일어나 가라." 그렇게 좋아할 때는 언제고 심지어 욕까지 합니다. "이 계집을 내어 보내고 곧 문빗장을 지르라." 아예 하인을 시켜 내쫓습니다.

"암논의 하인이 저를 끌어내고 곧 문빗장을 지르니라." 다말은 머리에 재를 뒤집어쓰고 크게 울며, 즉 통곡을 하며 갔습니다.

이 일은 온 집안을 어지럽히고 결국 2년 후에 다말의 오빠에 의해서 큰 살육까지 일어나게 됩니다.

예방이 치료보다 중요합니다.

이런 일이 발생하지 않도록 모두가 주의해야겠습니다. 가장 중요한 것은 충동적인 내 생각을 조심해야 하는 일입니다. 오래전에 '생각대로 ㅇ'라는 광고를 들으면서 깜짝 놀란 적이 있습니다. 생각대로 된다면 이 세상이 어떻게 될까요? 때리고 싶다는 생각이 쌓이면 실제로 때리게 됩니다. 공부를 열심히 해서 훌륭한 사람이 되고 싶다고 좋은 생각을 한다면 실제로 그렇게 됩니다. 생각이 나를 이끌어 갑니다. 똥이 있는 곳에는 똥파리가 옵니다. 나쁜 생각은 얼른 치워버려야 합니다. 그 나쁜 생각이 자신한테 실현되니까요. 또 친구들에게 **나쁜 일을 하도록 부추기는 사람이 되거나, 부추김에 넘어가는 사람이 되어서는 안 되겠습니다.**

다음 글은 나의 중학시절 이야기입니다.

꼬마와
소년

나는 키는 작았지만 조숙했나 보다. 초등학교 때 우리 집 옆옆옆
집으로 이사 온 소년을 본 순간 100만 볼트에 감전되어 짝사랑하기
시작한 것이다. 갓 낳은 새끼의 각인현상이었을까? 늘 소년이 보고
싶었다. 'ㄷ'형 한옥의 문간방에서 문만 열면 골목길이 다 보였다. 밖
에서 시끌시끌한 소리가 들려오면 살며시 창문을 열고 골목길에 소
년이 나와 있나 찾아보곤 하였다. 소년이 한동안 보이지 않으면 일
부러 빵을 사러 나갔다. 그것은 오가는 길에서 혹시 소년과 마주치
지 않을까 하는 설렘 때문이었다.

빵 사 먹게 돈을 달라고 하면 그 당시 병약했던 내가 먹겠다는 것이
좋아서 엄마는 흔쾌히 10원을 주시곤 하였다. 요 쪼끄만 아이가 고
런 앙큼한 생각을 하는 줄 엄마가 어찌 아셨으랴! 엄마 앞에서 두근
거리는 마음을 애써 감추고 팔랑팔랑 동네 가게로 가 빵을 사러 가
면서도 눈은 계속 소년의 집 쪽으로 향하였다. 그 소년이 집에서 나

올 것을 애타게 기다리며 그 집을 바라보며 혹시나 마주칠까 천천히 걸어 집으로 가곤 했다.

그러던 어느 날 엄청나고도 신기한 일을 알게 되었다. 소년의 아버지가 집 앞에 소중하게 가꾸시던 꽃밭이 어지럽혀지면 소년의 아버지가 나오시고 곧 뒤따라 소년이 나온다는 것을 알게 되었다. 어떻게 알게 되었는지는 기억에 없는데 아마 자주 그 집을 쳐다보았기 때문이 아닐까 싶다.

마침 우리 집에서 키우던 '린티'라는 강아지를 동지 삼아 소년을 보기 위한 거사를 벌이려는 생각이 번개같이 떠올랐다. 빵 한 쪽을 뜯어 강아지 코에 대어준 다음 꽃밭을 향해 뛰면 강아지도 신나게 나를 쫓아온다. 그럼 그 빵을 꽃밭에 대고 던지는 것이다. 빵을 찾느라고 강아지가 꽃밭에서 왈왈왈 와와왈왈왈 하며 소동을 치면 소년의 아버지가 황급히 대문을 열고 나오시고 곧이어 소년이 나온다. 그럼 나는 회심의 미소를 지으며 우리 집 대문 안쪽에 숨어서 보고 싶던 소년을 몰래 훔쳐보곤 했던 것이다.

몇 번이나 성공했을까 그러던 어느 날 나는 또 소년이 보고 싶었다.

아무리 기다려도 소년의 기척이 없자 말없이 날 도와주던 린티와의 거사를 생각해 냈다. 린티 린티~ 부르며 빵을 꺼내 들자 강아지는 다 안다는 듯이 꼬리를 흔들었다. 나는 곧 보게 될 소년을 생각하며 신나게 꽃밭을 향해 달려가서 빵을 던지려는 순간!

"누구냐? 응~ 너구나!" 하며 어디선가 소년의 아버지가 나타나셨다. 하늘이 노래지고 땅이 꺼지는 순간이었다. 그 엄청난 순간에 수학 공식처럼 행해지던 아버지 출현 다음에 소년 출현이란 현실이 내 눈앞에 벌어졌다. 대문이 열리고 소년이 나오는 것이 아닌가! 그와 눈이 마주치는 순간 소년의 아버지께 들켰다는 것보다 소년 앞에 서 있다는 사실만이 너무너무 부끄러워 그 후의 기억은 하나도 없다. 무슨 말씀을 하셨는지, 내가 어떤 모습으로 돌아갔는지, 린티는 어떻게 되었는지 첫 번째 기억상실이 되었다. 그 후로 다시는 소년의 꽃밭이 어지럽혀지지 않았다. 나도 다시는 빵을 사러 가지 않았다.

이러다 중학교 입학시험을 보게 되었는데 낙방을 하였다. 1960년대는 지금처럼 추첨으로 학교를 가는 것이 아니라 중학교도 입학시험을 보았다. 낙방하여 소위 2차 학교에 다니게 되었다. 신경이 곤두서신 엄마는 시험을 못 보면 회초리를 들고 쫓아오셨고 나는 맨발로 달아났다. 우리 엄마는 5남매를 키우셨는데 무슨 힘으로 5명 모두에게 그렇게 강한 용사였는지 모른다.
어느 날도 회초리를 피하여 후다닥 맨발로 달아났는데 엄마는 대문 문빗장을 잠가버리셨다. 맨발로 문 앞에서 떨고 있는데 지나가던 소년이 내 모습을 보았다. 아아 이럴 수가 으… 왜 하필… 빵 사러 갈 땐 안 보이다가 하필 이 순간에…

고입이 점점 다가오자 중3 때 난생 처음 학원에 다니게 되었다.
소년도 같은 학원의 옆 반이었다. 학원에서의 첫 달 시험은 꼴찌에서 두 번째. 충격받아 그다음 달 시험날에는 거짓말하고 결석했다.

집에서 숨죽이며 있는데 소년의 어머니께서 우리 집으로 오시면서 들통이 났다(역시 거짓말은 꼭 들통나게 마련이다).

혜홍이 오늘 시험 잘 봤대요?
아니 오늘 학원 쉬는 날이라던데요?

거짓말한 사건으로 부모님께 엄청나게 혼났다. 잘 피하긴 했지만 뭐가 막 날아왔다. 게다가 제2의 아버지로 동생들 앞에서 늘 군기를 잡던 무서운 큰오빠는 내 자존심까지 건드렸다. '오빠들은 다 좋은 학교에 들어갔는데 너는 왜 그 모양이냐.'라는 것이었다.

분노는 나의 발전의 원동력!

울며불며 열심히 공부한 덕분에 그다음 달부터 거짓말처럼 좋은 성적을 받았다.
공부가 끝나고 집에 갈 때 소년과 운 좋게 버스 정류장에서 만날 때가 있었다. 그럴 때마다 속으로는 뛸 듯이 좋으면서 소년이 앞문으로 타면 나는 뒷문으로 타고, 소년이 뒷문으로 타면 나는 앞문으로 탔다. 버스 안에서도 그에겐 관심이 없다는 듯 친구들과 떠들면서도 소년과 한 공간에 있다는 사실만으로도 한없이 좋았다.
그러던 어느 날 등교하려고 나섰는데 내가 앞서가고 있는 것을 알게 되었다. 뒤에서 소년이 날 볼 거라고 생각하니 부끄러움에 몸이 얼어붙기 시작하다 못해 온몸이 **뻣뻣**해지다가 걸음을 옮기기 어려울 정도가 되었다. 마침 저만치 우리 학교행 버스가 오기에 나는 버스를 타려 허둥대며 뛰어가다가 그만 넘어지고 말았다. 후진국이었던 그 당시, 제대로 포장되지 않아 작은 돌이 많았던 길에서 쫘악 축구 선수같이 슬라이딩을 한 것이다. 두 무릎에서 피까지 흘렀다.

뒤에서 오던 소년은 얼마나 어이가 없었을까? 앞에 가던 꼬마가 갑자기 몸이 뻣뻣해지더니, 느닷없이 막 달리더니, 털썩 넘어지니 말이다. 요즘 거친 말로 하면 혼자 쌩쑈를 한 것이다. 그 후 나는 두 번째로 단기 기억상실이 되었다. 그 소년도 같은 버스를 탔는지, 피는 어떻게 하고 학교를 갔는지, 가서 무슨 정신으로 공부했는지, 돌아오면서 그 집 앞을 지나며 무슨 생각을 했는지 그 뒷일은 진짜 전혀 기억이 안 난다.

다행히 여고에 합격한 어느 날 독서 모임에 가게 되었다. 나는 그날도 씩씩하게(?) 문을 확 열었는데 맨 가운데 소년, 아니 멋진 남학생이 앉아 있었다. 몸이 얼어버린 나는 그날 어떤 책을 읽었는지 무슨 토론을 했는지 또 기억이 안 난다. 그저 창피하기만 했다.

그러던 어느 날, 아 이 얘기는 정말 두고두고 창피한 일인데… 나름 공부를 열심히 하다 좀 늦은 밤에 집으로 돌아가고 있었다. 달빛이 교교히 빛나며 골목길을 환하게 비추고 있었다. 사방은 조용했다. 집으로 가는 골목길에 들어섰을 때 앞에 훤칠하게 키가 큰 남학생이 걸어가고 있었다.

앗! 소년이다! 가슴이 쿵쾅거렸다. 이제야말로 말을 걸어볼까! 아니야 갑자기 무슨 말을 해. 두근거리는 사이 점점 집에 점점 가까이 가고 있었다.

으… 어떡하지? 하다가 큰 용기를 내어 소년의 이름을 불렀다. 그런데 그는 못 들었는지, 아니면 내 목소리가 작았는지 그는 무심히 걸어가고 있었다. 앗! 어떡하지? 그냥 갈까? 집에 다 와가는데…

에잇 하고 심호흡을 한 후 'ㅇㅇ아~' 처음으로 소년의 이름을 불러보았다. 정신 차리고 보니 어느 틈에 나는 그의 앞에 서 있었다.

소년은 의아한 듯 나를 내려다보았고 나는 소년을 올려보았다. 처음으로 가까이에서 본 그의 얼굴이었다. 쌍꺼풀이 없는 커다란 눈으로 나를 내려다보고 있었다. 내가 뭘 한 거지? 이 충동적인 행동에 스스로 놀란 나는 몸을 홱 돌려 그냥 집으로 뛰쳐들어갔다. 그리곤 이불을 뒤집어쓰고 또 부끄러움에 몸부림쳤다.

▲풍선과 소녀, 뱅크시 作

그 당시 들은 가곡 〈그 집 앞(이은상 시 · 현제명 작곡)〉은 어쩌면 그렇게 내 마음을 잘 표현했는지 모른다.

> 오~ 가며 그 집 앞을 지나노라면
> 그리워 나도 몰래 발이 머물고
> 오히려 눈에 띌까 다시 걸어도
> 되오면 그으 자리에 서졌습니다

시간은 속절없이 흘러 우리 집이 이사하는 날이었다. 나는 소년, 아니 그의 집이나마 목을 빼고 쳐다보았다. 그런데 믿지 못할 광경이 내 눈앞에 펼쳐졌다. 그가 혼자 나와 두 손을 바지 주머니에 넣은 채 우리 집 쪽을 쳐다보고 있었다.

아아… 그가 나를 쳐다보고 있다니!(라고 착각이라도 하고 싶었다) 나는 반가움에 손이라도 흔들고 싶었지만 차는 떠나가기 시작했다. 그는 여전히 내가 탄 차를 바라보고 서 있었다. 나도 그가 점이 되도록 쳐다보았다…

여러분, 중학교 때의 이성교제는 이와 같은 것이 좋다고 생각합니다. 사귀어 보지 않았기에 이렇게 어른이 되어서도 좋은 감정으로 좋은 추억으로 남아 있는 겁니다. 여러분도 그렇게 하는 게 좋아요. 중학교 시기에 1대 1로 만나는 것은 바람직하지 않습니다.

이렇게 말하면 그때까지 숨죽이며 듣던 학생들은 "에이~~~~ 너무해요, 영화 아니에요? 진짜예요? 아악~그게 뭐예요!! 그게 무슨 이성교제예요?" 하면서 교실이 온통 시끌시끌해졌댔습니다.

이러한 시절을 지내온 나에게 일어났던 수업 중의 이야기입니다.

어느 날 국가에 대한 설명을 하느라고 대한민국 지도를 그렸다. 빨리 그리느라고는 했지만 딱 보면 한국 지도임을 알게 그렸다(고 생각한다). 그런데 갑자기 몇 명의 남학생들이 동시에 폭소를 터뜨리다가 눈물을 흘리며 배까지 움켜쥐었다. 내가 어리둥절해 하자 웃음을 멈추기는커녕 몸이 이리저리 쓰러지며 더 웃었다. 왜 그러냐고 물으니 대답을 못 하고 또 웃는다. 그러자 웃음이 전염되어서였는지 남학생들도 와르르 웃기 시작했다. 여학생들은 머리를 숙이거나 나처럼 어리둥절하거나 하여간 난리가 났다.
뭘 알아야 같이 웃든지 혼내주든지 할 텐데 웃기만 하다니! 화가 난 나는 수업이 끝난 후 웃음으로 수업을 방해한 남학생들을 교무실로 불렀다.

"왜 그렇게 웃었니?"
"…쿡쿡 윽 흐흐 으…" 교무실에 와서도 웃음보가 터져서 말을 못 잇습니다.
"빨리 말해봐 수업 방해했잖니?"
"…으 하하하 으…" 웃음을 참느라고 입이 씰룩거립니다.
"어쭈? 말해봐. 왜 그랬어?" 하두 엄한 얼굴로 닦달을 하니 그제서야

"저…저… 신체의 일부가 생각나서요."

"뭐 어디? 아무리 봐도 도대체 뭐? 그렇게 공부하기 싫어? 나라에 대해 얘기하고 있잖아!"

"저… 하체의 일부가 생각나서 웃었습니다. 그 가운데 있는… 으…"

나는 다음부터 어떤 지도도 그리지 못했다.

아주 오래된 이야기인데 특이한 질문을 받아본 적도 있어요. 수업 끝나고 가는데 여학생이 다가왔어요.

"저… 선생님… 뽀뽀와 키스는 어떻게 다른가요?"

뽀뽀는 한국어, 키스는 영어? 이렇게 친절하게 답해주었지요.

이렇게 중학교 시기는 정도는 달라도 성에 대한 호기심이 증가하는 때입니다. 뭘 해도 성으로 연결시켜 버리는 비상한 재주가 꽃을 피우는 때이기도 합니다. 그러나 성에 관련된 것은 학교뿐만 아니라 부모님께도 잘 배워야 합니다.

2001년도 초판 발행된 이성교제에 관한 도덕책 내용은 청소년기의 이성에 대한 관심으로 이성교제로 이어진다, 이는 성에 대한 가치관 형성에 영향을 미친다, 상대방 성을 잘 이해하라, 결론은 이성 간의 사귐을 자아발전의 계기로 삼아라 하는 것입니다. 특히 이성과 사귈 때 **참된 친구 관계**가 되도록 하라는 권유도 있습니다.

이런 내용으로 수업하고 있었는데 남녀공학이었던 어느 중학교에서 남학생이 질문을 했어요. 그 당시만 해도 거의 금기시되고 있던 성

⑺에 관련된 질문이었지요. 미처 대답을 하기 전 수업 마치는 종이 쳐서 나는 다행인지 말할 새도 없이 교실을 나왔지요. 사회적으로 학생들의 이성교제는 허용되지 않았던 그런 시절을 지나온 나에게 학생들의 성에 관한 질문은 내게 놀라움과 걱정을 안겨주었습니다.

그래도 한 가지 결론을 말하자면 이성교제에 대한 예절을 제대로 알고, 남녀 간 성적 특성을 확실하게 알아야만 돈 벌 목적으로 만들어진 성에 대한 왜곡된 표현을 안 보고 안 듣게 된다는 것입니다.

이 학교보다 더 전에 있던 남학교에서의 일입니다. 하루는 수업 마치고 돌아오니 우리 반 학생들 여러 명이 교무실에서 무릎 꿇고 손들고 있었습니다. 나는 기분이 나빴습니다. 사랑스럽고 착한 우리 반 학생들을 왜 다른 반 선생님이 무릎까지 꿇리고 야단을 치고 있는가 해서입니다.

"무엇 때문에 그러세요?" 순시를 하셨던 남선생님께 물었어요.
"아 애들이 만화를 보고 있었어요."
"아니 애들이 만화를 볼 수도 있지요. 뭘 그런 걸 갖고 이렇게 무릎까지 꿇리나요?"
"한번 보세요. 안 보여드리려구 했는데."
나는 뺏다시피 만화책을 받아 책장을 펼쳤어요.
으악~~

지금은 과거보다 더한 것들이 미디어를 통해서 하이에나처럼 학생들을 노리고 있지요. 글을 쓰는 이 시간, 뉴스에는 마약을 탄 음료수를 학원가에서 나눠주는 이야기도 나옵니다. 여러분이 무엇을 보고 무엇을 듣는지 아주 조심해야 합니다. 여러분들의 순수한 시기를 순수하게 지켜나가도록 노력합시다.

성에 관련된 호기심이 생기는 건 발달 과정에서 생기는 자연스러운 현상이라 하더라도 학교에서 혹시 나쁜 책을 같이 보자고, 나쁜 영상을 같이 보자고 하는 아이가 있다면 단호하게 거절할 줄 알아야 합니다. 그래도 강권하면 그런 아이는 피해야 합니다. 친구에도 좋은 친구, 해로운 친구가 있으니까요

> 지혜로운 자와 동행하면 지혜를 얻고
> 미련한 자와 사귀면 해를 받느니라
>
> – 《잠언》 13:20

무엇보다 성(性)이란 귀중한 생명을 잉태할 수 있는 신비하고 성(聖)스러운 과정입니다. 그래서 성기를 생식기라고도 말하는 것입니다. 함부로 장난치고 말하는 우스개처럼 대할 얘기도 아닙니다.

여러분~ 보물이나 소중한 것은 남의 눈에 띄지 않게 깊이 간직하지요? 인간의 성기도 마찬가지입니다. 인간의 성기도 쉽게 볼 수 없는 곳에 감추어져 있지요?

聖 어거스틴은 그의 참회록에서 16세의 어린 시절을 회상하며 이런

고백을 남겼습니다.

나는 방황의 심한 폭풍우 속에서 사랑과 정욕을 혼동하였고, 불안정한 젊음은 부정한 쾌락의 낭떠러지로 곤두박질쳐서 마침내 파렴치한 죄악의 심연 속에 빠지고 말았습니다.

이렇게 한때 온갖 쾌락과 정욕의 노예가 되어 있었던, 자기 영혼의 비참한 상태를 고백하고 있습니다. 중학생 여러분들이 열심히 공부하고, 책 읽고, 운동하고, 인류가 인정한 아름다운 음악과 미술의 세계를 감상하고, 자연의 아름다움을 아는 가운데 여러분들의 성 에너지는 멋지게 승화될 것입니다.

다음은 상담에 올라온 내용입니다. 이성교제에 대한 나의 생각은 이글 아래에 있어요. 여러분이 받아들이든 못 받아들이든 여러분의 선택이지만 그것은 여러분의 인생에 중요한 결과를 낳습니다.

중3 학생입니다.
부모님께서 연애를 반대하십니다. 제가 여자친구를 사귀게 되었는데 그 애가 부모님께 말했다 해서 저도 숨겨서 좋을 건 없으니까 부모님에게 솔직하게 사귄다고 말했습니다. 그랬더니 공부해야 할 시기에 여자친구를 왜 사귀냐, 성적 무조건 올리라고 말씀하시더군요. 그래서 일단 성적 올리고 공부도 열심히 한다 했습니다. 부모님을 설득하려 하는데 어떤 식으로 해야 할지 모르겠어서 질문합니다…

뭐든지 정직하게 부모님께 말씀드린 건 참 잘했어요. 저쪽 여학생도요. 앞으로도 정직하게 모든 일에 부모님과 잘 상의할 줄 믿어요.

부모님은 인생 선배이시기도 하고 글쓴이보다 인생을 더 잘 아시니까요. 또 글쓴이의 보호자이시기도 하지요.

인생에서 2마리 토끼를 다 잡을 수 없는 경우가 대부분이지요. 우왕좌왕하다가 다 놓치는 수도 있고요. 일단 성적 올린다고 말씀드리긴 했으나 이런 일로 신경 쓰고 남의 의견 물어보고 하는 시간에 벌써 공부하는 시간을 뺏기고 있지요.

연애하면서 공부도 잘할 수 있을까요? 여학생에게 부모님의 말씀을 알려주고 공부 때문에 자주 못 만나고, 카톡도 자주 못 보거나 못 보낼 수 있다, 자주 연락 못 하게 될 수 있다는 말을 하면 어떨까요? 그렇게 해서 열공하여 성적도 올리고, 부모님의 신임도 얻고, 글쓴이도 기쁘고 그럴 수 있지요~ 지금은 여러분이 공부할 시기이자 인류 보편적인 가치를 알아가고 익히는 시기라고 생각해요~

▲뱅크시 作

5.

해야 할 말과
해서는 안 될 말
구분하기

선한 말과
불의의 세계

> 국가와 국민은 국어가 민족 제일의 문화유산이며 문화 창조의 원동
> 력임을 깊이 인식하여 국어 발전에 적극적으로 힘씀으로써 민족문화
> 의 정체성을 확립하고 국어를 잘 보전하여 후손에게 계승할 수 있도
> 록 하여야 한다.
>
> – 국어기본법 제2조(기본 이념)

하버드대학교에서 장기간에 걸쳐 진행된 대규모 연구에 따르면 일생 동안 행복에 가장 큰 영향을 끼치는 요소는 친밀한 관계의 존재 여부라고 합니다. 또한 건강한 대인관계를 유지하는 것은 신체의 면역 시스템을 강화하고 우울증이나 불안장애 등을 겪을 확률을 감소시킵니다.

학교생활이 행복하려면 선생님들과 급우들과 친밀한 관계를 맺어야 하고 그 기본은 말을 가려서 해야 하는 것입니다. 사회나 가정뿐만 아니라 학교에서 일어나는 갈등과 오해의 대부분도 말에 의해서입니다. 너 그랬다며? 어쨌다며? 누가 그랬어? ~그랬대 등등 누군가 잘못한 말이 옮겨지고, 옮기다가 달라지면서 학교가 시끌시끌해지기도 합니다. 어떤 사람은 의도적으로 나쁜 말을 퍼뜨리기도 합니다 (물론 그러다가 자신이 당하지요).

TV나 신문상에 오르내리는 각종 사건·사고의 많은 부분도 잘못된 말에서 비롯됩니다. 민심과 군사력 모두 갖추셨던 이순신 장군도 사람들의 터무니 없는 말에 시달렸습니다.

> 선전관 이순일 말이 "명나라에서 공에게 은청금자 광록대부 작위를 내려준다는 소문이 있더라." 하였으나 필시 헛소문일 것이다.
>
> —《난중일기》에서

특히 전쟁 초기 이순신 장군의 전라좌수영 부대가 구해주었던 원균이 그를 모함하는 데 있는 힘을 다했다고 《난중일기》에도, 《징비록》에도 기록되어 있습니다. 이 소문은 중앙정부에까지 들어가 선조 임금의 눈 밖에 나게 되어 장군은 졸병으로 백의종군하기도 합니다.

누군가 가짜 뉴스를 퍼뜨리고 그 말을 또 옮기고, '아'라고 했는데 나중에는 '아야어여'로 변질되기 쉬운 것도 '말'입니다.

학교란 다양한 가치관을 가진 다양한 또래 친구들이 서로 배우고 함께 웃으며 가족처럼 같이 점심식사를 하면서 즐거운 시간을 보내는 곳입니다. 즉 학교는 나와 여러 가지로 다른 사람들과 어떻게 하면 잘 지낼 수 있는가를 배울 수 있는 가장 중요한 곳입니다.

그러므로 즐거운 곳이 되도록 서로서로 너 나 할 것 없이 노력해야 합니다. 과거에는 대가족이 엄격한 규율을 가지고 지지고 볶고 살면서 가족 안에서 말을 매개체로 인간관계를 배워왔지만 현대사회에서는 핵가족화하다 못해 1인 가구도 늘어나면서 관계의 어려움을 토로하는 사람들이 많아졌습니다. 대화를 어떻게 해야 할지 난감해하는 경우도 종종 있습니다. 그러므로 학교 안의 많은 인간관계 속에서 어떤 말들을 주고받는지 어떻게 얘기하며 살아가야 하는지 각자 깊이 있게 생각하고 말해야 합니다.

"마음에 가득한 것이 입으로 나온다."는 성경 말씀이 있습니다(《마태복음》 12:34 후반). 우리 마음에 어떤 것을 가득 채워야 꽃처럼 고운 말이 나올까요?

> 사람아
> 입이 꽃처럼 고와라
> 그래야 말도
> 꽃같이 하리라
> 사람아

황금찬, 꽃의 말

선한 말은 꿀송이 같아서 마음에 달고 뼈에 양약이 되느니라

- 《잠언》 6:24

여호와께서 모든 아첨하는 입술과 자랑하는 혀를 끊으시리니 저희가 말하기를 우리의 혀로 이길지라 우리 입술은 우리 것이니 우리를 주관할 자 누구리요 함이로다

- 《시편》 12:3, 4

혀는 곧 불이요, 불의의 세계라
혀는 우리 지체 중에서 온몸을 더럽히고
생의 바퀴를 불사르나니 그 사르는 것이 지옥 불에서 나느니라

- 《야고보서》 3:6

두루 다니며 한담하는 자는 남의 비밀을 누설하나니 입술을 벌린 자를 사귀지 말지니라

- 《잠언》 20:19

남의 말 하기를 좋아하는 자의 말은 별식과 같아서 배 속 깊은 데로 내려가느니라

- 《잠언》 18:8, 26:22

위의 말씀을 읽고 또 읽으면서 깨닫고 실천하면서 지혜를 얻기 바랍니다.

다음은 인터넷상에서 읽은 글인데 상당히 뼈가 있습니다.

> * 당당함을 잘못 배우면 뻔뻔해지고 솔직함을 잘못 배우면 무례해진다.
> * 맞춰주려 노력하면 막 해도 되는 줄 알더라.

'기쁨을 나누면 배가 되고 슬픔을 나누면 반이 된다.'는 가르침은 '기쁨을 나누면 질투가 되고 슬픔을 나눴더니 약점이 되더라.'로 변하기도 합니다. 모든 면에서 서로 다른 사람들이 한 공간인 학교에서 즐겁게 어울려 살려면 이렇게 서로 간에 많은 주의가 필요합니다.

선동을 목적으로 하는 거짓말과 이간질은 살인으로 번지기도 합니다. 그 대표적인 예로서 도덕 교과서에도 실려 있는 관동 대지진 때 조선인 대학살 사건입니다. 지진이 나서 불이 난 것을 일부 일본인들이 '조선인들이 방화했다, 우물에 독을 넣었다.'는 거짓말을 퍼뜨리자 확인도 하지 않고 그대로 믿고 분노한 사람들이 우리 동포를 학살까지 하게 된 것이지요. 일본 학자 요시노 사쿠조(吉野作造)는 저서 《압박과 학살(圧迫と虐殺, 1923)》에서 조선인 2,530여 명이 희생되었다고 밝혔습니다.

사람들은 말이나 글로 서로 소통합니다. 그러나 남의 말, 남의 글이 내 의견과 맞지 않을 경우 자기 의견을 더하거나 빼면서 흥분하기도 하고 편을 가르기도 합니다. 자기 의견이 사람들에게 받아들여지지 않을 때는 '카더라 통신'을 이용하기도 합니다. 말을 퍼뜨리는 것입니다. 이 말 퍼뜨리기의 역사는 오래되었습니다. 고려 시대 일연의 《삼국유사》에 나와 있는 삼국시대의 서동요 이야기입니다. 요약하면 다음과 같습니다.

> 신라 진평왕 때(599년 이전), 서동이란 마 장수가 왕의 셋째 공주 선화가 아름답기 짝이 없다는 말을 들었다. 서동은 동네 아이들에게 마를 주며 자신을 따르게 한 후 노래 하나를 지어 아이들에게 부르게 했다. 바로 불순한 노래인 헛소문을 퍼뜨린 것이다. 서동요가 서울에 가득 퍼져서 대궐 안에까지 들리자 백관들이 임금에게 극력 간하여 공주를 먼 곳으로 귀양 보내게 했다.

이에 대해서 해석이 분분하나 나는 도덕적으로 해석해 봅니다. 마장사 서동이 적국의 예쁜 공주를 얻으려는 자신의 목적을 이루기 위해 대중을 이용한 것이지요. 그 수단으로 쓴 것이 말 퍼뜨리기이고 마장수가 이용한 것은 노래를 어린아이들에게 부르게 한 것이고, 어린아이들은 공짜로 마를 받아 시키는 대로 무심코 부르면서 헛소문을 퍼뜨린 것입니다. 학교에서, 사회에서, 국가에서 이런 일이 일어나지 않게 되기를 바랍니다. 일본 관동 대지진 때 일본인들의 헛소문 퍼뜨리기로 무참하게 살해당한 우리 동포들을 생각할 때 특히 말조심을 해야 하고 소문에 대해서는 냉정한 확인이 필요한 것입니다.

학교에서 남을 이기려고, 단순히 기분 나쁘다고 잘못 괴상한 말을 퍼뜨렸다가는 말 퍼뜨린 본인이 큰 벌을 받을 뿐 아니라 주변과 특히 부모님께도 피해를 끼치게 되니 늘 입에 파수꾼을 세워놓아야 합니다. 그렇다더라 하는 말을 확인도 하지 않고 전하는 사람이 되어서도 안 되겠고, 전한 말을 그대로 믿고 흥분해서도 안 되겠습니다. 무리가 되면 도덕성이 떨어지기 쉽기 때문에 더욱 그렇습니다.

뒤에서 나쁜 소문을 낸다거나, 비꼬거나, 무시하는 말을 하거나, 심한 농담을 하는 등의 모든 잘못된 말들을 하지 않아야 합니다. 옆에서 누군가 이런 말을 시작하려고 할 때 입맛 다시며 흥미롭게 듣지 말고 그 자리를 피하는 것이 좋습니다.

성경은 "입으로 들어가는 것이 사람을 더럽게 하는 것이 아니라 입에서 나오는 그것이 사람을 더럽게 하는 것", "입에서 나오는 것들은 마음에서 나오나니 이것이야말로 사람을 더럽게 하느니라."라고 기록되어 있어요. 즉 나쁜 말을 하는 것은 결국 자신에게 해가 된다는 것을 알 수 있습니다. 시간이 흘러 내가 한 말 때문에 후회가 되는 일은 하지 않는 것이 좋겠습니다.

또 하나는 말투를 부드럽게 하는 게 좋겠어요. 조곤조곤 말하는 습관을 가집시다. 그게 건강에도 도움이 됩니다. 소리 지르고 화내는 사람은 자기 건강을 먼저 해치게 되니까요. 가장 중요한 것은 자기 마음의 괴로움을 따라 좋지 않은 단어를 마구 내뱉는 경우가 있어요. 무의식적으로 습관적으로 내뱉는 나쁜 유행어로 말하지 않도록 조심해야 합니다. 그 나쁜 말이 자기에게 오게 되거든요.

각자 습관적으로 하는 말, 많은 사람이 쓰는 나쁜 말을 따라 하면 그 말이 먼저 자기를 해치게 되는 거예요. 그러니 가정은 물론 학교에서도 바른말, 고운 말을 쓰도록 훈련해야 합니다. 다음은 어떤 학생의 언어생활입니다.

> '엄마에게 꾸중을 들어 기분이 나쁜 날에는 "아 오늘 정말 기분이 꽃 같네."라고 말하는 거죠. 좋은 단어를 사용하면 화도 점점 사라져요.'

청소년기를 지낼 때 마음을 깨끗이 하여 입으로 말미암아 나쁜 일이 일어나지 않도록 주의해야 합니다. 그럼 좋은 습관이 들어서 인생 앞에 실력을 갖추게 될 것입니다.

다음은 익명의 상담입니다.

1. 아빠 말에 항상 스트레스받아요

저는 이제 중2 올라가는 한 남학생입니다. 저는 나름 공부를 열심히 하고 있는 것 같습니다. 방학이라 그런지 핸드폰 하는 시간이 많아졌는데 아빠가 항상 저는 나중에 커서 뭐가 될 수 없다고 말합니다. 저는 그 말에 항상 스트레스를 받습니다. 공부를 안 하는 것도 아니고 열심히 하고 다 참으면서 하고 있는데 그런 말을 하면 정말… 포기하고 아무것도 하고 싶지 않아요. 너무 스트레스받아서 죽겠는데 어떻게 하나요…?

아마 핸폰 사용에 대해 아빠가 여러 번 지적하셔도 글쓴이가 말을 듣지 않으니 아빠가 과격한 충격요법을 쓴 것 같군요. 적어도 아빠 앞에서는 핸폰을 하지 않는 게 좋겠어요.

방학이라고 핸폰 많이 봐도 되는 건 아니잖아요? 습관이 되니까요. 핸폰 보고 싶은 마음이 들면 밖으로 나가 운동해 보세요.

성경에는 "내 귀에 들린 대로 행하리라."고 말씀하셨어요. 옛말에도 말이 씨가 된다고 하잖아요. 핸폰 사용 좀 줄이면 될 걸 아빠 말씀에 대한 타박을 하면서 부정적인 단어를 많이 쓰고 있어요. 글쓴이도 자기 말대로 되면 좋겠어요?

부자간에 서로 격려하는 아름다운 말이 넘치는 멋진 사이가 되기 바랍니다(~것 같아요, ~해서 죽겠다 등의 표현은 되도록 쓰지 않는 게 좋겠습니다).

2. 학원 한 번 빠졌다고 이렇게 험한 말씀을!!

◇◇◇

학원 한 번 빠지겠다고 해서 엄마는 ○○나 가라고, 특기도 없는 녀석이 무슨 인생을 살겠냐고… 저 진짜 공부 그렇게 못 하는 것도 아니거든요. 시험 보면 90점 밑으로 내려간 적도 없어요.

학원 가기 싫어서 한 번 빠진다고 ○○ 가라고 사람 깎아내리는 사람이… 진짜… 이런 소리 들을 때마다 힘들어요. 저 진짜 잘하는 거 없으니 인생 포기해야 하나요? 겨우 중학생인데… 저 진짜 어떡하죠.

아우… 토닥토닥 토닥토닥

가족 간에 말로 인한 갈등과 분노, 슬픔 등의 다양한 감정을 이렇게 SNS상의 익명인들에게 상담하는 경우가 많습니다. 그렇지만 익명인들은 확실한 상황을 제대로 알 수 없기에 정확한 상담을 하기는 어렵습니다. 그러나 한 가지 확실한 것은 가정에서 말을 주고받으면서 겪는 다양한 감정은 대부분 일상생활은 물론 학교에서도 자기도 모르게 그대로 분출된다는 것입니다. 그런 언행의 반복이 성격의 일부분이 되기도 합니다. 그러니 그때그때 대화로 잘 풀어나가서 밝고 환하게 살면 좋겠습니다.

갈등의 원인이 된 학원 문제는 부모님과 진지하게 의견을 나누는 것이 좋겠습니다. 자기주도학습도 있으니까요. 다만 글쓴이가 공부를 잘하는 것으로 미루어 보아 더 완벽한 점수를 받기 바라기에 어머니는 한 번도 빠지지 말고 다니라는 말을 그만 그렇게 표현한 것 같습니다. 어머니가 글쓴이를 격려하신다는 것이 크게 말실수를 하신 것이지요. 그러니 어머니가 화가 좀 풀렸을 때 조곤조곤 말해보세요. 엄마가 그런 말 했을 때 너무 힘들었다고, 학원은 이런저런 이유로 가기 싫었던 거라고 대화해 보기 바랍니다.

바른말 고운 말, 축복하는 말, 격려하는 말, 서로 이해하는 말을 나누는 사이가 되기 바랍니다~~

뭐든지 한두 번 하게 되면 습관이 되기 쉬워요. 내가 얼마나 좋은 습관을 갖고 있느냐가 성공과 행복의 열쇠가 됩니다.

욕도 그렇습니다. 처음에 들을 땐 놀라고 내가 처음 욕했을 때 놀라지만 횟수를 거듭할수록 습관이 되고 심지어는 재미가 붙게 되어 더욱 욕을 하게 됩니다. 하지만 결국 더러워지는 것은 내 입이고 내 영혼인 것입니다. 무엇보다 내가 한 욕은 결국 나에게 돌아온다는 것을 의식한다면 욕을 쉽게 못 하지요. 센 척하느라 욕을 해봤자 그런 욕이 다 자신에게 돌아온다는 것을 명심해야 합니다.

또 하나는 학교에서 남이 듣기 좋은 말을 해야 한다는 의식을 너무 한 나머지 상대방이 잘못하고 있음에도 잘한다 잘한다 하는 경우가 종종 있습니다. 특히 자기보다 강해 보이거나, 내가 없는 것을 갖고 있다거나 나보다 좀 잘나 보인다 할 때 일부 학생들은 아첨의 방법을 쓰는 경우가 있습니다만 이는 상대방에게 거짓을 말하는 것입니다. 성경에는 아첨하는 입은 패망을 일으킨다고 가르칩니다.
신실하지 않고 마음속이 악한 사람이 이익을 위하여 아첨하는 것이라고 합니다. 그런 교활한 마음과 아첨하는 말로 순진한 사람을 미혹시킨다고 성경에서 경고합니다. 그러니까 우리가 칭찬과 아첨을 구별할 수 있어야 하는 것입니다.

결국 아첨하는 것은 자기뿐 아니라 상대방의 "발 앞에 그물을 치는 행위《잠언》 20:5)"임을 깨닫고 바른 언어생활을 하도록 해야겠습니다. 반대로 열심히 활동하는 친구를 힘들게 하는 말을 하지 않나 생각해 봐야 합니다. 아첨은 나쁘지만 이유 없는 공격, 비방도 좋지 않습니다.

함부로 말을 던지거나, 여러 명이 한 사람을 말로 공격을 하는 행위 등은 학교에서 엄히 규제하고 있으니 조심해야 합니다. 자기는 안 하면서 열심히 공부하며 활동하고 있는 학생을 잘하네 못하네 하면서 면박 준다거나, 이유 없이 말로 공격하여 자기 기분을 푼다거나 하는 행위는 옳지 않습니다. 성경에는 말에 대한 이런 표현이 있습니다. "…여호와의 말씀에 나의 삶을 가리켜 맹세하노라 **너희 말이 내 귀에 들린 대로 내가 너희에게 행하리니**《민수기》 14:28)." 무시무시하지 않아요? 여러분이 행복하고 즐거운 학교생활을 하려면 각자가 자기의 말하는 습관을 파악하고 말조심을 하여야 여러분의 미래도 밝게 펼쳐질 것입니다. 반대로 입에서 나오는 온갖 좋지 못한 말들은 여러분의 인생을 삼켜버릴 것입니다.

우리 모두 타인의 기억에 멋진 사람으로 남게 되기를 바랍니다.

6.

명랑하게
재미있게

웃음과
건강

소문만복래(笑門萬福來)라는 말이 있습니다. 웃으면 복이 온다는 말입니다. 일소일소 일노일노(一笑一少 一怒一老)란 말도 있습니다. 인간만이 웃을 수 있다는 그 특별함이 우리에게 주는 가르침은 무엇일까요?
다음은 자서전에서 '웃음은 병을 막아주는 방탄조끼'라고 쓴 노만 카슨스 이야기입니다.

웃음학의 아버지라 불리는 노만 카슨스(Norman Cousins, 1915~1990)는 UCLA대학 교수이자 미국의 유명한《토요 리뷰(Saturday Review)》의 편집장이었는데, 어느 날 희귀병인 '강직성 척수염'이라는 병에 걸린 것을 알게 되었다. 이 병은 뼈와 뼈 사이에 염증이 생기는 완치율이 낮은 병이다. 그는 자신의 주치의에게 완치의 가능성을 물었더니 500명 중 한 명 정도라는 이야기를 전해 듣는다. 처음에는 좌절했지만

499명의 좌절보다는 한 명의 환희만을 생각하며 그 500명 중의 한 명이 되어야겠다는 굳은 의지로 무장했다.

그는 《잠언》 17장 22절의 "마음의 즐거움은 양약이라도 심령의 근심은 뼈로 마르게 하느니라."는 말씀을 읽고 '웃자! 즐겁게 살자.' 다짐하며 여러 가지 방법으로 계속 웃었다. 자신의 정서에 부정적인 영향을 주는 것이나 비극적이거나 폭력적인 것을 피하고 적극적이고 긍정적이며 창조적인 것들을 보고 읽었다. 가족과 친구, 의사들에게도 자신에게 부정적이거나 비극적인 말을 하지 말도록 부탁하였다. 그의 병실은 언제나 즐겁고 경쾌한 음악이 흘렀고, 희망적이고 긍정적인 책들로 가득했다. 계속 웃으니 손가락이 펴지기 시작했고, 행복해진 가족들도 다 같이 웃었다.

웃으면서 병이 나은 그는 나중에 웃음치료의 창시자가 되었습니다. 헬스(Health)란 단어의 기원도 웃음(Hele)에서 왔다고 전해집니다. 《동의보감》에도 "웃음이 보약보다 좋다."고 단언합니다. 서양의 심리학에서도 몸과 마음은 밀접한 관계가 있다고 각종 연구를 통해서 결론을 내리고 있습니다. 즉 마음을 유쾌하게 가지는 것이 건강의 비결이라는 것입니다. 학교생활이 힘들다는 생각이 든다면 웃음을 잃었기 때문이 아닐까요? 오랜 시간을 보내는 학교에서 웃음을 잃는다는 것은 모두의 건강에도 해롭습니다.

생각해 보면 내가 30년 이상을 중학교에서 근무하게 된 비결이나 그 당시 나이보다 젊어 보인다는 말을 자주 들은 이유는 학생들과의 즐거운 웃음 때문이 아닌가 생각합니다. 어렸을 때 늑막염을 앓으며 비실거려서 중학교 입학 시험장에서까지 잠을 잤던 내가 나이 들수록 점점 더 건강해진 것은 기본적인 규칙적 생활과 학생들과의 웃음 교류 때문이라고 생각합니다. 어느 날 도덕시간에 촌수를 배우고 있었습니다. 다소 복잡한 촌수 배우기를 하면서 '이 사람과 이 사람은 몇 촌인가?' 질문하니 다들 조용한 가운데 누군가 '예 ○촌입니다(치킨집 상호).' 하는 바람에 모두 웃었던 기억도 납니다. 나도 아이들을 많이 웃겼습니다. 시험 때의 긴장을 풀어주기 위해서 학생들 이름을 뒷글자만 바꿔서 시험문제에 낸 적도 있었습니다. 시험 때 교실을 순시하다 보면 다들 쿡쿡 웃고 있었습니다. 음… 그런데 시험문제는 어려웠다 합니다. 공부를 안 해서였겠지요.

또 학생들이 별명을 붙여주기 전에 내 별명을 미리 발표했어요. 일명 세 손가락의 전설! 마치 세 손가락으로 팔굽혀펴기를 할 수 있는 것처럼 말해왔지요. 그리고는 수업에 집중하지 않는 학생은 지그시 꼬집으면서 '자~ 샘 힘이 세지?' 하면 그 당시 순진한 학생들은 내 말에 넘어갔습니다. 그런데 놀라운 것은 연말이 되면 진짜 세 손가락으로 팔굽혀펴기를 하는 남학생들이 각 반마다 등장했다는 것입니다. '선생님! 저도 세 손가락으로 팔굽혀펴기 할 수 있어요.' 하면서 꽤나 여러 번을 세 손가락으로 팔굽혀펴기를 합니다. 그러면 모든 학생들이 우와~ 하면서 놀라고 나는 또 '오! 너는 나의 애제자!' 하면서 칭찬해 주면 모두가 왁자지껄 웃습니다. 물론 세 손가락은 선생님만의 특허로 다른 친구들에게 사용할 수 없다는 신신당부도 아울러 했지요.

여러분들도 지금 학교에서 즐거움과 웃음이 꽃피는 대화를 하고 있겠지요? 아침에 등교하면서 환한 얼굴로 안녕~ 하고 인사를 먼저 해보세요. 학급이 환해질 겁니다. 물론 가정에서도 환한 얼굴로 인사하는 것이 습관이 되어야겠지요?(단 비웃음은 웃음이 아닙니다)

조선 시대 최고의 의학서적인 동의보감에서는 웃음이 보약임을 이미 간파했는데 서양에서도 연구에 의해 웃음은 건강에 유익하다고 단언합니다. 노르웨이의 한 연구에서는 유머 감각이 있는 사람은 웃지 않는 사람보다 오래 산다는 보고서도 내놓았습니다. 의학적으로 웃음은 면역력 증강 외에도 심장병을 예방하고, 혈압을 낮추며, 소화를 잘되게 하고, 통증을 경감하게 하는 효과 등이 있다고 합니다.

미국의 대통령 중에 가장 유머러스한 사람은 링컨입니다. 링컨의 유머에 대해서는 많은 일화가 있는데 그는 유머로 자기와 반대편 사람도 웃게 하고 자기편으로 만든 것은 유명한 이야기입니다. 예나 지금이나 남의 외모를 가지고 비방하는 사람들이 있습니다. 어느 날 링컨은 반대당 의원으로부터 공격을 당했어요.

"당신은 겉과 속이 다른 이중인격자입니다." 그러자 링컨은
"내가 정말 두 얼굴을 갖고 있는 사람이라면 왜 하필 이렇게 못생긴 얼굴을 달고 나왔겠소?"

어느 날 링컨은 자신의 구두를 손수 닦고 있었어요. 그 장면을 본 어떤 장관이

"각하께서 직접 구두를 닦습니까?"
"그럼, 내가 내 구두 닦지 남의 구두 닦아주나?"

링컨이 하원의원으로 출마했을 때였습니다. 합동 유세에서 그의 라이벌 후보는 링컨이 신앙심이 별로 없는 사람이라고 비난하며 청중을 향해 이렇게 외쳤습니다.

"여러분 중에 천당에 가고 싶은 분들은 손 들어보세요." 청중들 모두가 손을 들었습니다. 그러나 링컨만은 손을 들지 않고 있었습니다. 그러자 그는 링컨을 향해 소리쳤습니다.

"링컨, 그러면 당신은 지옥으로 가고 싶다는 말이오?"
"천만의 말씀입니다. 나는 지금 천당도 지옥도 가고 싶지 않소. 나는 지금 국회의사당으로 가고 싶소."

링컨의 변호사 시절, 성질이 급한 그의 아내가 생선가게 주인과 소리 지르며 싸우자 링컨은 그의 손을 잡고 이렇게 말했습니다.

"나는 15년을 참고 살아왔습니다. 사장님은 지금 5분도 안 되는 시간이니 좀 참아주시면 안 되겠습니까?"

여러분들도 학교에서 일어나는 갖가지 갈등이나 부딪힘이 발생했을 때 이렇게 멋진 유머로 학교생활을 웃으면서 즐겁게 생활하기 바랍니다.

어느 날 처칠(영국 총리, 1874~1965)의 비서가 일간신문을 들고 와 그 신문사를 맹비난했다. 처칠을 '시가를 문 불도그'로 묘사한 만평을 실었기 때문이다.

처칠은 신문을 물끄러미 바라보더니 이렇게 말했다.

"기가 막히게 그렸군. 벽에 걸린 내 초상화보다 훨씬 더 나를 닮았어. 당장 초상화를 떼어버리고 이걸 오려 붙이도록 하게."

제2차 세계대전 중 독일군의 폭격으로 영국 버킹엄 궁의 벽이 무너졌다.

그러자 영국 왕실은 이렇게 말했다.

"국민 여러분, 안심하십시오. 독일의 폭격으로 그동안 왕실과 국민 사이를 가로막고 있던 벽이 사라져 버렸습니다. 이제 여러분의 얼굴을 더 잘 볼 수 있게 돼 다행입니다."

의기소침했던 영국인들은 다시 힘을 얻었고 전쟁은 영국의 승리로 끝났다.

다음 학생들의 편지에도 웃음이 넘칩니다. 여럿이 같이 웃으면 그 효과가 더 좋다고 합니다. 모두 건강하게 삽시다.

11가지의 진지하게
웃긴 이야기

1. 첫인상

첫 수업시간이 생각납니다.
복도에서 선생님이 걸어오시는 발자국 소리가 들렸습니다.
드르륵 소리가 나면서 문이 열렸습니다.
그러나 아무도 안 보였습니다.
곧이어 우렁찬 목소리가 들려왔습니다.
여전히 아무도 안 보였습니다.

어느 남학생이 나에 대한 첫인상을 쓴 글입니다. 이 글을 가지고
교무실에 와서 여러 선생님들과 한참을 웃었던 기억이 납니다. 다음
은 나의 작은 키로 인한 재미있는 일화들입니다.

요즘 사라진 말 중의 하나는 '교단에 서다.'란 표현이다. 1979년 3월에 수업을 시작할 때만 하더라도 70명이 넘었던 좁은 교실에는 교단이 있었다. 선생님들은 학생들 앞에서 교단에 올라선다는 마음을 다잡는 시간이고, 학생들 역시 선생님의 자리인 교단 위에는 함부로 올라가지 않았다. 물론 뒤에 앉은 학생들은 교단에 선 선생님이 뒤에서도 보인다는 좋은 점도 있었다. 덕분에 키가 땅콩 같은 나는 교단이 있어서 판서를 할 때에도 거의 불편함이 없었다.

그런데 어느 날 느닷없이 교단이 사라졌다. 또 일제의 잔재라는 것이다.

▲과거의 교단은 좀 더 높았다

그러자 학생들은 나의 키에 주목하기 시작했다.

① "선생님, 키가 몇 cm예요?"

"응, 2m가 안 돼. 너도 2m 안 되지?"

② 열심히 설명하면서 판서하며 쓰고 지우기를 반복하고 있는데 어떤 학생이 질문하기를 "선생님~ 칠판 위에도 쓸 수 있는데 왜 아래에만 쓰세요?" 까르르르르

③ 어느 날은 필기시켜 놓고 책상 사이사이를 다니는데 뒷자리의 키가 큰 남학생들이 쿡쿡 웃으면서 나의 키와 자신의 앉은키가 똑같지 않냐는 시늉을 한다. 그럼 나는 아주 작은 목소리로 "너(네) 선생님 자꾸 놀리면 선생님처럼 아주 쪼끄만 여자랑 결혼하게 된다. 그래도 괜찮아?"
"근데 네 얼굴은 네가 그렇게 생기고 싶어서 그렇게 생긴 거니?"
→ 다시는 선생님 키를 놀리지 않았다.

④ 도토리 5남매의 화려한 성공담과 강감찬 장군(151cm)을 비롯, 비록 키는 작으나 훌륭한 사람들 얘기를 종종 해주었다. "작은 고추가 맵다."는 속담을 입증하는 위인들로는 모차르트 163cm, 베토벤은 162cm, 독일의 철학자 임마누엘 칸트는 155cm, 동학농민운동의 지도자인 전봉준 장군(1855~1895)도 키가 152cm에 불과했으며 이로 인해 콩 종류 중에서도 작은 '녹두'라는 별명이 생겼다. 중국의 지도자였던 등소평은 약 150cm, 파블로 피카소는 163cm 윈스턴 처칠은 167cm 정도로 평균 키에 못 미쳤다(국가과학기술연구회 보도자료 중).

⑤ 그 대신 작거나 약한 아이들을 놀리거나 건드리면 나는 헐크(영화에 나오는 힘센 괴물)로 변했다.

여러분들은 키가 언제 클지 모르므로 너무 염려하거나 작은 친구들을 놀리지 않으면 좋겠습니다. 중2 중반까지 나보다도 더 작았던 학생들이 졸업할 때는 완전히 변신하여 경이로움을 느낀 적이 많았으니까요. 꼭 알아야 할 것은 키와 관계없이, 즉 외모와 관계없이 우리 모두는 모두 개성적이고 서로 다른 매력이 있답니다.
아무 걱정하지 마세요~

너희 중에 누가 염려함으로 그 키를 한 자라도 더할 수 있겠느냐

－《마태복음》 6:27

나의 보는 것은 사람과 같지 아니하니 사람은 외모를 보거니와 나 여호와는 중심을 보느니라

－《사무엘 상》 16:7

2. 애교의 목적은?

선생님 good morning~
선생님 국제화 시대에 발맞추어 나가기 위해서 영어로 썼어요.
이해하시죠? 선생님 그거 아세요? 애들끼리 모여서 '어느 선생

님이 좋아?' 하는 주제를 가지고 이야기를 했는데 선생님이 1위로 뽑혔어요. 선생님 글구 또 지나가면서 들은 얘긴데요. 어떤 여자애하구 남자애가 복도를 지나가면서 하는 얘기를 들었는데요. '제일 귀엽게 생긴 선생님이 누구야.' 하구 어떤 여자애가 남자애한테 물어봤는데 그 남자애가 '당연히 도덕 선생님이지.' 하구 말했어요.

선생님 있잖아요. 우리 자리 안 바꿔요? 제발 남자애들 옆에 앉게 해주세요. 아! 맞다. 할 말이 생각났어요. 언제나 집중할게요. ← 이 글의 중심내용

good bye ←이해해 주시길. 제자 ○○ 올림

3. 쓸 말이 없군요

박혜홍 선생님께

안녕하세요? 저는 선생님의 제자 ○○입니다.

벌써 화창하고 따뜻한 봄이 지나가고 여름이 다가오는군요. 건강하시죠? 우선 죄송합니다. 중간고사를 너무 못 봐서요. 저도 공부를 열심히 하려고 했지만 몸이 따르지 않아요. 하지만 다음 중간고사 때는 아주 열심히 공부해서 좋은 성적을 올리도록 노력하겠습니다. 그리고 수업시간에 집중!! 잘 명심하겠습니다.

쓸 말이 없군요.

이제 펜을 놓겠습니다.

죄송합니다.
건강하세요.

1995.5.13. 제자 ○ 올림

4. 아버지께

◇◇

지금은 자율학습 시간인데 편지 쓰자면 너무 시간이 아깝고, 이
야기는 집에서도 할 수 있고 시험공부도 해야 해서 이만 줄이고
시험공부나 하겠습니다.
그럼 이만.

5. 이 정도면 되지 않았나요?

◇◇

박혜홍 선생님께
선생님 안녕하세요? 맨날 속 썩이는 ○○입니다.
그동안 맨날 지각하고 복장 불량에 화장하고 다녀서 엄청 혼났는
데 요즘 지각도 줄고 복장(치마)도 길고 히히 화장도 안 하자나용!
오늘 아침에도 지각 없이 화장 없이 완전 단정하게 있었는데 거
울 보느라 꺼낸 파우치와 방금 등교해서 책상에 올려놨던 폰 가
져가셔서 솔직히 너무 억울했어요. 그래서 펑펑 울었어요. 혹시
음악 소리를 듣고 제가 한 거라고 생각하신다면 오해이십니다.
친구가 튼 거였어요. 그리고 화장도 안 했는데 가져가시는 것

은 너무하세요.

제가 폰 소지 가능이라도 꺼낸 건 잘못했어요. 화장품을 가방에 넣고 다닌 것도 저의 잘못입니다. 하지만 선생님 지도하에 저 많이 고친 것도 생각해 주시면 안 될까요? 사용하지 않았지만 휴대폰을 선생님께 걸린 것은 제 잘못이고 거울만 가져와야 하는데 무의식적으로 파우치 통 가져온 것도 제 잘못 맞습니다. 그래도 앞으로는 이런 자그마한 잘못도 고치겠으니까 그리고 오늘 지각도 안 하고 화장도 안 하고 복장도 단정했으니깐

(사실 요즘 항상 단정해요 ㅜㅜ)

6. 마지막 부탁

안녕하십니까 저는 선생님의 사랑스런 제자 ○○○입니다.

저번 중간고사는 죄송했습니다. 선생님께 너무 큰 실망을 안겨 드렸기 때문입니다. 너무 놀기를 좋아해서인지 아니면 게으른 건지 정말 죄송합니다. 기말고사는 더욱 열심히 하도록 하겠습니다.

말을 너무 막 해서 선생님들의 미움을 사기도 하는 저였지만 이제는 바꾸겠습니다. 좀 더 공경하는 표현을 항상 쓰도록 하겠습니다. 옛말에 천 리 길도 한 걸음부터라는 말이 있습니다. 저도 그 속담을 본받아 어떠한 목표를 가지고 꾸준한 노력을 하는 학

생이 되겠습니다. 마지막으로 부탁드리고 싶은 것은… 자리 좀
바꿔주세요. 감사합니다. 앞으로도 많은 가르침 부탁드립니다.

1995.

7. 내년에 해드릴게요

선생님 저 ○○이에요.

입학한 지 얼마 지난 것 같지 않은데 벌써 시험도 치고 5월이 왔
네요. 날씨가 추웠다가 더웠다가 봄처럼 따뜻했던 날이 얼마 되
지 않는 것 같아요. 날씨가 따뜻해야 공부도 잘될 텐데 말이에
요…

선생님! 내일은 스승의 날이잖아요. 그래서 선생님에 대해 생각
해 봤어요. 일단 수업시간에 재밌는 얘기 해주시는 것 너무 좋아
요. 그리고 수업 분위기가 참 좋은 것 같아요. 앞으로도 재밌게
수업해 주세요.

선생님은 스승의 날 때 학생들이 무엇을 해주시길 바라세요? 정
성스런 편지? 맛있는 간식? 내년에 만약 제 담임선생님이 되신
다면 원하시는 것 멋지게 해드릴게요~♡ 마지막으로 스승의 날
즐겁게 보내세요~

2010.5.14. (금)

8. 학교에서 왜 이런 시간을…

선생님 안녕하세요?

매일(공휴일 제외) 보면서 편지 쓰려니 쑥스럽네요. 학교에서 왜 이런 시간을… 선생님과 학생 사이가 가까워지라고 그런 것 같네요. 특별히 하고 싶은 말은 없네요. 참! 자리 바꾸지 마세요. 전 이 자리가 좋아요. 그리고 수업시간에 조용히! 열심히! 할게요. 그럼 이만 줄입니다.

1995.5.13.

9. 눈물이 앞을 가립니다

안녕하세요? ○-○반 ○○○입니다.

방학 동안 선생님을 못 뵙게 되어 눈물이 앞을 가립니다. 방학뿐만 아니라 항상 건강하시고 행복하게 사시길 빌겠습니다. 도덕시간에 불성실했던 점 용서해 주시길 바랍니다. 항상 웃으시면서 언제나 사랑과 믿음으로 저희를 대해주셔서 감사드립니다. 건강하시고 성탄절을 뜻깊게 보내세요. 그럼 이만 줄입니다.

10. 미래의 이상 시인

감사합니다. 존경합니다. 감사합니다.
감사합니다. 존경합니다. 감사합니다.
감사합니다. 존경합니다. 감사합니다.
감사합니다. 존경합니다. 감사합니다.
감사합니다. 존경합니다. 감사합니다.
감사합니다. 존경합니다. 감사합니다.
저를 잘 가르쳐 주셔서 감사합니다.
저를 잘 가르쳐 주셔서 감사합니다.
저를 잘 가르쳐 주셔서 감사합니다.

11. 시험 얘기 말고 자리 좀 바꿔주세요

선생님께

저는 지금 현재 2분단 5번째 앉아 있는 ○○○입니다. 밖의 날씨
는 개나리가 활짝 피어 있고 바람이 산들산들거리고 사람들이 거
의 다 반팔을 입고 다닙니다. 시험 이야긴 하시지 말고 자리 좀 1
주나 2주에 한 번씩은 바꿔주세요. 그러면 저도 자세를 고치겠습
니다. 저는 창가 쪽이 좋아요. 창가 쪽 5번째입니다. 부탁입니다.
그리고 합창 대회 연습을 잘했으면 좋겠어요. 그만 쓸게요.

7.

얼렁뚱땅
버리기

꼼꼼함의
숨은 힘

> 모두들 세상을 바꾸려 들지만 스스로를 바꾸려는 생각은 하지 않는다.
>
> — 톨스토이

　사전에서 얼렁뚱땅의 뜻은 어떤 상황을 얼김(정신이 얼떨떨한 상태)에 대충 넘기는 것을 뜻합니다. 예를 들어 건물을 지을 때 설계대로 골조를 정확하게 넣지 않고 한두 개쯤 빼먹어도 괜찮겠지 하다 보면 처음에는 멀쩡해 보이다가도 그 건물은 결국 무너지게 되는 것입니다. 그럼 그 건물에서 일하거나 살던 사람은 어떻게 될까요?

　몇몇 사람의 얼렁뚱땅 연합으로 천하보다 귀중한 사람의 생명이 사라지게 되는 것입니다.

　청소 당번들이 책임을 다하지 않고 몰래 가면서 '나 하나쯤이야.' 하는 생각을 모두 갖게 된다면 그 교실을 청소하는 사람은 하나도 없게 되겠지요. 공부를 얼렁뚱땅, 청소도 얼렁뚱땅하는 사람은 사람과의 관계나 약속도 얼렁뚱땅하게 되기 쉽습니다. 그것이 습관이 되어서 자기가 그런 생활을 하는지도 모르게 되는 것입니다. 그래 놓고는 일이 잘 안 풀리면 엉뚱하게 운이 나쁘다는 둥, 나는 원래 그런 사람이라는 둥, 심지어 다른 사람 탓까지 합니다.

조를 짜서 숙제할 때도 다른 친구들에게 해 오게 하고 자신은 적당히 점수만 얻으려는, 숟가락만 하나 얹으려는 얼렁뚱땅은 결국 자신을 해롭게 하는 일이라는 것을 명심합시다.

더 나쁜 것은 열심히 철저하게 일하여 좋은 삶을 가진 사람들을 질투하여 공격하는 일도 서슴지 않게 되는 것입니다. 무질서는 얼렁뚱땅하면서 좋은 결과를 원하는 사람들이 많아질 때 생기는 것이니 모두 주의해야 합니다. 왜냐하면 무질서는 나에게도 영향이 미쳐지는 것이니까요. 결국 가장 나쁜 얼렁뚱땅은 죄를 지어놓고 그것을 실수라고 스스로 합리화시키는 일입니다. 친구를 때려놓고 장난이라는 둥, 친구를 의도적으로 비하하고도 말이 헛나왔다고 둘러대는 것 등이 이에 속합니다.

시험공부를 비롯 학교의 모든 일에 꼼꼼하게 임하지 않으면 자신이 없어지게 되고 그만 실수도 하게 됩니다. 학교 시험에서 허둥대다가 답을 밀려 쓴다든지 친구와의 약속을 생각 없이 해놓고 지키지 못하는 상황이 된다든지 하는 일들이 많이 생기는 것은 작은 일에서부터 꼼꼼함을 챙기지 못한 결과입니다. 대충, 아무렇게나, 그까짓 것, 어떻게 되겠지 등의 생각을 버려야 합니다.

일본인들은 자기가 맡은 일을 얼마나 철저하게 하는지 모릅니다. 어디를 가보아도 얼렁뚱땅하는 사람은 거의 없다고 해도 과언이 아닙니다. 수학여행 갈 때도 학생들끼리 조를 짜서 연구하여 다니고 그것을 결과물로 학교에 냅니다. 아무렇게나 속이는 학생은 없습니다. 어디서부터 어디까지 무슨 차를 타고 경비는 얼마 나온다는 것까지 다 계산하여 다닙니다. 동네 작은 목욕탕에서 청소하는 사람은 누가 보든 안 보든 정성껏 청소합니다. 어디서 누구를 만나도 얼렁뚱땅이 없었습니다. 감자가 200g이라고 팔길래 집에 와서 달아보니 그 울퉁불퉁한 감자가 정말 200g이었습니다. 딸기 팔 때 위와 아래가 크기와 모양이 일정합니다.

일본인들의 정직성과 꼼꼼함은 우리가 본받을 점입니다. 물론 500엔짜리 물건을 두 개 샀는데 계산기를 누르는 점원의 모습을 보면 답답할 때도 있지만 그 정도로 꼼꼼한 태도가 몸에 배어 있음을 알 수 있습니다. 일본인들의 노벨상 수상자는 2024년 5월 현재 29명이나 됩니다. 이 글을 읽는 여러분들 중에서 앞으로 노벨상을 타는 사람들이 있을 것을 기대해 봅니다.

모두 유치원 때부터 교육을 철저히 하고 받기 때문이라는 생각이 듭니다. 우리의 중학생활 속에서도 얼렁뚱땅하는 일은 없어야겠습니다.

깨진 유리창의
법칙

'깨진 유리창의 법칙'이란 말 들어봤나요? 사소한 것을 그냥 방치할 경우 더 큰 문제로 이어진다는 논리입니다. 곧 깨진 유리창 하나를 방치해 두면, 그 지점을 중심으로 범죄가 확산되기 시작한다는 이론으로, 사소한 무질서를 방치하면 큰 문제로 이어질 가능성이 높다는 의미를 담고 있습니다.

슬럼가의 한 골목길에 비슷한 상태의 차량 두 대를 놓고 한 실험을 했습니다. 한 대에는 보닛을 열어두기만 했고, 한 대에는 보닛을 열어두고 차량의 유리창을 일부 훼손한 상태로 주차를 해놓았습니다. 1주일 뒤에 보니 보닛만 열어둔 차는 그대로였는데 두 번째 차는 10분 만에 battery가 없어지고 타이어도 도난당했습니다. 곧 그 차는 낙서로 어지러워졌고, 쓰레기가 버려져 있었습니다.

두 차량의 차이는 유리창이 깨진 작은 결함이었지만 그 차이는 큰 결과를 낳았던 것입니다. 작은 결함이나 틈으로 인해 급격하게 상태가 나빠질 수 있다는 걸 알 수 있습니다.

성적을 산출해 보았을 때 교실이 깨끗한 반이 수업 분위기도 좋고 공부를 잘합니다. 공부를 못하는 반은 대체로 교실 전체가 지저분합니다.

책상 주변이 지저분하면 거기에 쓰레기를 버리고 갈 수도 있습니다. 물론 버린 학생이 잘못이지만 쓰레기통으로 보일 만큼 주위를 지저분하게 만든 것도 잘못이죠. 정리하고 청소하는 일은 학교생활에서 아주 중요한 일 중의 하나입니다. 교실에서도 기물 파손이나 낙서를 발견하면 즉시 지우거나 담임선생님께 말씀드려야 합니다.

지하철 낙서를 지우기만 했는데 범죄율까지 낮아진 일도 있습니다. 뉴욕에서 일어난 일입니다. 끊임없는 범죄로 악명을 떨치며 영화 〈배트맨〉의 고담시의 모델 아니냐고 조롱받던 뉴욕시는 낙서를 지우기 시작한 결과 뉴스에 나올 정도로 변화가 되었습니다.

> "건물주인이 깨진 유리창을 방치하면 일대가 우범지대로 변한다."고 주장한 것을 뉴욕에 그대로 적용한 것이다.
> 뉴욕의 우범지대였던 할렘 지역의 범죄율은 40%가량 떨어졌고, 뉴욕 지하철 내 범죄율은 75% 정도 줄었다. 살인사건 발생 횟수도 절반으로 뚝 떨어졌다.
>
> – 2017.1.15. 《조선일보》

자기 주변을 정리 정돈하고 청소하는 것은 삶의 중요한 태도이고 수업에도 큰 영향을 끼칩니다. 환경이 깨끗하고 정리가 되어야 공부도 잘되고 수업에 집중할 수 있고 자신의 일상생활도 정리 정돈할 수 있는 것입니다. 그럼에도 종례시간이 되면 교실이 너무나도 지저분하여서 나는 청소당첨이라는 방법을 생각해 내었습니다. 다들 청소는 안 하고 싶어 하고, 청소 당번이 있다 해도 때로는 잊어버리거나 모른 체하는 경우가 종종 있었기 때문이었지요.

오늘의 청소당첨은

- 주변에 쓰레기가 떨어져 있는 경우
- 여러 가지 이유로 과목 선생님께 야단을 들은 경우
- 조, 종례시간에 떠들어서 주변 친구들에게 피해를 준 경우
- 교복을 단정히 입지 않은 경우 등

그 당시 5월 15일 스승의 날을 기념하여 시나 그림 등을 내어서 각 학년 반마다 한 점씩 내어서 외부 전시를 하는 행사가 있었어요. 청소가 싫은 학생들은 나에 대한 그림풍자로 자신들의 고충을 토로하였지요.

이 그림은 날 풍자했지만 내용이 너무 재미있고 웃겨서 모른 척하고 쿡쿡 웃으면서 전시품들을 돌아본 기억이 납니다.

1. 선생님 생각이 나서 편지를 써요

작년 1학년 때가 정말 그리워요. 아이들이 떠들 때 '청소당첨'이라고 쓰시면 순식간에 쥐죽은 듯 침묵을 지키게 되고, 선생님이 들려주시는 이야기에 시간 가는 줄도 모르고, 1년이 그사이에 지나가는 줄은 아무도 몰랐지만 뒤돌아보면 많은 일이 있었던 것

같아요. 선생님, 2003년 1년 동안 가르쳐 주신 은혜 정말 감사드
리고요 앞으로도 자주 찾아뵐게요.

그럼 이만 줄입니다.

추신: 작년 스승의 날 1학년 ○반의 파티가 생각나요~

2. 저는 free 한 여자예요

어떻게든 저를 청소시키려고 노력하시는 선생님
그래도 괜찮아요. 저 아주 후리(Free)한 요자거등요. 저 앞으로 많
이 이뻐해 주세요. 저도 선생님 사랑해 드릴게요. 천편일률적인
하트는 그리지 않을 거예요. 그래도 제 맘 아시죠? 힝

깨진 유리창은 교복에도 해당될 수 있습니다.

각 반의 성적을 산출해 보면 교복을 깨끗하게 단정하게 입는 학생이
많을수록 그 반은 분위기가 좋고 인성이 좋고 성적도 좋았습니다.
교복 입는 것을 보면 그 학생의 마음가짐도 보입니다. 교복을 변형
시켜서 입거나, 등교 시 교복을 아무렇게나 입고 오거나, 교칙에 없
는 교복 이외의 옷을 입고 짜잔 하고 나타나는 학생들이 대체로 남
을 괴롭히거나 학교 분위기를 어지럽히고 타인을 무시하거나 아무
렇게나 생활하는 것을 볼 수 있습니다.

똥이 있는 곳에 똥파리가 모이지요?

학생이 교복을 아무렇게나 입고 다니면 똥파리 같은 일을 벌이거나 똥파리 같은 일을 만나게 됩니다. 교복을 단정하게 입고 다닙시다. 책가방도 바르게 메고 다니고요. 괜히 애들 앞에서 센 척하느라 가방도 삐딱하게 메고 그래 봐야 실력은 금방 나타나니 단정하게 사는 것이 제일 속 편합니다.

중학교도 학교마다 특색있는 교복을 입습니다. 모두가 단정하게 교복을 입고 성실하게 생활하면 그 학교는 명문 중학교가 되지 않을까요?

우리나라는 6.25 전쟁과 정치적 혼란 등으로 인해 경제적으로 무척 어려웠던 때가 있었어요. 나라가 가난하니 가난한 가정들이 많았습니다. 그러다 보니 제때에 중학교에 진학하지 못하고 공장으로 일하러 나가는 청소년들도 많았어요. 하루는 수출용 스웨터를 만들던 섬유공장을 들른 대통령이 보니 수천 명의 여공들 중에 유난히 어

려 보이고 키도 작은 한 소녀가 있었습니다. 그 소녀가 기특하면서도 안쓰러운 박정희 대통령(1917~1979)은 소녀의 머리를 쓰다듬으며 소원을 물었습니다. 그 소녀는 눈물을 글썽이며 공부 못 한 것이 한이라고 말했습니다. 대통령의 지시로 회사에서 바로 중학교 과정부터 시작하는 야간학교가 세워졌습니다. 누가 하라고 하지 않아도 그녀들은 낮에는 일하고 밤에는 교복을 입고 열심히 공부했습니다. 틈틈이 야간학교 학생들을 돌아보던 박 대통령이 어느 한 여학생의 책가방 뚜껑을 열자 안에는 '일하면서 배우자.'라고 쓰여 있었습니다(1977.4.20. 《중앙일보》). 휴가받아 고향에 갈 때는 소중한 교복을 꼭 입고 갔다고 합니다.

졸업식 날 학생들은 서로 부둥켜 울고 거기 모인 사람들은 다 울어 버린 감격과 눈물의 졸업식이었습니다. 이렇게 교복을 입고 학교 가서 공부하는 학생들을 부러워했던 또래 청소년들이 있었다는 사실을 잊지 말고 교복 잘 입고 열심히 공부합시다. 교복은 원래 '학생들 간에 빈부 격차로 인한 위화감을 없애고 한마음의 공동체 의식을 키워주기 위해서' 입었어요. 학생들은 교복이 학교의 상징이므로 교복을 입고 행동을 조심했습니다. 그런데 예전의 교복에 비해 요즘은 교복 대신 편한 생활복이 많아지는 걸 보면 그만큼 사회가 헐렁해지는 건가 싶기도 합니다. 반면에 1968년 이후 교복을 입지 않았던 프랑스에서는 학교 권위 확립과 학습 분위기 조성, 학교 폭력 예방을 위해 다시 교복을 입기 시작했습니다. 앞으로 교복 착용을 의무화할 계획이라고 합니다.

장난을
조심하라

표준국어대사전에 의하면 장난이란 어린아이들이 재미로 하는 짓. 또는 심심풀이 삼아 하는 짓이라고 되어 있습니다. 그다음 뜻도 하나 더 있는데 짓궂게 하는 못된 짓이라고 되어 있습니다. 장난이란 단어가 순우리말 같지만 그 어원은 한자의 作亂(작난)입니다.

이를 소리 나는 대로 적어낸 게 장난입니다. 저 한자의 亂 자를 보세요. '어지러울 난' 자입니다. **즉 장난이란 어지러움을 만들어 낸다**는 뜻입니다. 그러므로 중학교에서의 장난은 잘못하면 못된 짓이 되기 쉽습니다. 본인은 장난이라고 하지만 남의 물건을 몰래 숨기거나 망가뜨리고 버리는 행위는 장난이 아니라 남의 재산에 피해를 입히는 행위입니다. 식사 시간에 더러운 얘기를 한다거나, 급식 시간에 장난치기라든가 무엇보다 음식으로 장난치는 행위 등은 정말 해서는 안 됩니다. 북한을 비롯, 아프리카의 가난한 나라, 자연재해가 발생한 나라 중에서는 굶어 죽는 사람도 많이 있으니까요. 장난이

지나치면 상대방이 괴롭힘이나 범죄행위로 인식하여 처벌당하는 수도 있으니 조심해야 합니다. '몰랐어요.', '괴롭히지 않았어요.' 등의 말은 받아들여지지 않습니다.

사소한 장난이 큰 문제로 번지는 일이 학교에서 종종 있습니다. 한 학급에 체격과 성격, 성향이 서로 다른 학생들이 함께 생활하기 때문에 서로 조심해야 합니다. 담임선생님들은 늘 이 문제를 놓고 조, 종례시간에 훈화를 하십니다. 게다가 남녀 합반이기 때문에 말장난이나 이성에 대한 희롱 등의 장난을 절대 하지 말아야 합니다. 한두 번 하다 보면 습관이 되니까 자신을 잘 다스려야 합니다.

무엇보다 타인을 괴롭히는 일이 없도록 해야 합니다. 물론 남이 나를 괴롭히지 못하도록 행동해야지요. 나를 괴롭히는 일이 발생하면 대화로 풀되 계속 화가 나고 풀리지 않는다면 바로 선생님께 말씀드려야 합니다. 특히 남학생들은 장난으로 몸싸움을 하면서 남을 괴롭히는 일이 없도록 철저하게 조심해요.
비 오는 날 우산 가지고 장난치다가 다치거나 다리 다친 아이의 목발을 멋대로 가져다가 칼처럼 휘두르거나 남학생들끼리 장난으로 시작하다가 싸움으로까지 번지는 경우도 있습니다. 뛰거나 심지어 걷는데도 발을 걸어서 크게 다치거나 다칠 뻔한 일도 종종 있습니다.
무엇보다 친구들의 몸에 손을 대는 일이 없도록 조심해야 합니다.
가장 나쁜 장난은 동성이건 이성이건 상대방의 신체 부위를 때리거나 만지거나 꼬집거나 하는 일이니까요.

남에게 고통과 분노를 주면서 자신은 재미를 느낀다면 범죄에 해당됩니다. 내게 재미있는 일이 남에게는 고통이라면 그것은 장난이 아니라 폭력입니다. 혹시 누가 자신을 괴롭히면서 장난이라고 할 때는 장난을 거절하고 그래도 반복할 때는 반드시 담임선생님, 부모님께 말씀드려야 합니다. 초등학교 때부터도 많은 교육을 받아왔겠지만, 동성이라고 해도 친구의 신체에 손을 대는 일은 없어야 합니다.

앞뒤 좌우를 살피지 않고 학교 내에서 장난치다 보면 다치기 쉽습니다. 나의 중학 시절에는 청소시간에 창문도 닦았지만 요즘은 창문 닦다가 장난치면서 추락할까 싶어서 그런지 언젠가부터 학교에서 창문 청소를 안 하게 되었습니다. 또 친구한테 쉴 새 없이 말을 걸거나 자꾸 꼬치꼬치 캐묻는 행위도 상대방이 귀찮다 못해 장난이라고 생각할 수 있습니다. 떠들면서 수업을 방해하거나 남의 사물함을 함부로 열어본다든가 하는 등의 다양한 장난의 끝은 별로 좋지 않습니다. 타인에게 불쾌감을 주고 친구 관계의 악화를 동반합니다. 장난으로 인한 마음의 불편함은 공부하는 데도 방해가 됩니다. 그러니까 가만히 있는 친구를 놀라게 하거나 발로 걸거나 간지럽히거나 걷어차는 등의 일을 사소한 장난이라고 생각해서는 안 됩니다. 작은 장난이 큰 위험으로 번지는 일이 많으니까요.

특히 남학생들은 과격한 놀이를 장난이라고 착각하는 경우도 종종 있는데 절대 never 그러면 안 됩니다. 무엇보다 체격이 작은 학생을 대상으로 하는 경우에는 심각한 폭력이 되니 심심하면 운동장을 달리든지, 정말 다 함께 웃을 수 있는 놀이를 개발해 보세요. 장난하지 않아도 얼마든지 재미있게 쉬는 시간이나 점심시간을 지낼 수 있어요.

어떤 중학생의 불장난으로 포항 도심이 17시간이나 불바다가 된 일이 있었어요. 그 사건으로 사상자 28명, 주택 90여 채가 불타 이재민 118명이 발생했어요(2013.3.10). '형사 미성년자'여서 처벌은 면하게 되나 소년법에 의해 보호처분을 받게 되고 무엇보다 정부나 지자체, **피해자들이 그 중학생 부모에게 손해배상 소송도 제기할 수도** 있다고 합니다.

뜻 없이 '그냥'이란 말로 장난의 심각한 결과를 덮을 수 없으니 늘 조심해야 합니다. 중학교 3년간 아무 탈 없이 즐거운 생활을 할 수 있도록 다들 노력합시다.

8.

변명보다
반성하기

내 눈 속의
들보

> 어찌하여 형제의 눈 속에 있는 티는 보고 네 눈 속에 있는 들보는 깨
> 닫지 못하느냐 보라 네 눈 속에 들보가 있는데 어찌하여 형제에게 말
> 하기를 나로 네 눈 속에 있는 티를 빼게 하라 하겠느냐(마 7:3)

　많은 학생들이 모여 생활하는 학교에서는 다양한 실수와 잘못이
일어나기도 합니다. 그럴 때 즉각적으로 자신의 잘못을 인정하는 것
이 인간관계를 부드럽게 하고 내 인격을 높일 수 있는 좋은 계기가
됩니다. 카네기가 많은 사람들과 일일이 면담을 하고 많은 자료를
모아 써서 세계적인 명성을 얻은 것으로 유명한 《카네기 인간관계
론》이란 책이 있습니다. 그는 부제를 '친구를 사귀고 사람을 이끄는
법'이라고 썼는데 그 안에도 〈잘못했으면 솔직히 인정하라〉가 소제
목으로도 있습니다. 분명히 잘못했음에도 끝까지 우기거나, 심지어

학부모까지 합세해서 오히려 잘못하지 않은 학생에게 달려들어 난리 치는 경우를 보면 결국 그들의 끝은 별로 좋지 않은 걸 볼 수 있습니다.

우리 모두는 불완전 존재로서 조심하느라 했음에도 실수할 때가 있습니다. 그럴 때는 선생님께나 친구들에게나 스스로에게나 반성하고 다시 잘해보기를 다짐하는 것이 학교생활을 행복하게 하는 비결입니다. 반성 없이 작은 실수나 고의적인 잘못을 반복하다 보면 그것이 습관으로 굳어져서 인간으로서의 품위가 낮아지다 못해 심각한 경우에는 사회로부터 격리될 수도 있습니다.

그런데 대체로 인간은 자기 안의 충동이나 욕구가 옳다고 생각하는 경향이 있기 때문에 **자신을 법과 교칙과 도덕으로 점검해 보아야 하는 것**입니다. 가정과 학교에서의 가르침이나 교칙을 무시하고 내면의 악으로부터의 충동을 제어하지 못하고 행동으로 옮기는 일이 있는지를 점검해 보아야 하는 것입니다. 인류가 이제까지의 온갖 어려움을 극복하고 지금까지 존재해 온 저력은 바로 내적인 죄와 맞서서 자신의 인격을 쌓아왔기 때문입니다.

그러니 여러분들도 자기 자신을 절제하며 자신과 상대하여 싸워나가야 하는 것입니다.

이는 그렇게 어려운 일이 아닙니다. 학교생활 속에서 하나하나 실천해 나가면서 좋은 습관이 몸에 배게 하는 것입니다. 예를 들어 친구들에게 바른말 고운 말을 쓰는 것, 교복을 단정히 입는 것, 선생님께 정중한 어투를 사용하는 것, 급식 시간에 질서를 지키는 것, 핸드폰 관련 학교 안내 따르기 등등의 소소하면서 당연한 것부터 제대로 해

나가는 것입니다.

다음은 반성문으로 받은 편지의 일부입니다.
반성문뿐만 아니라 편지봉투 위에까지 **저의 잘못을 바로 고쳐주시
는 선생님께**라고 공손하고도 절실한 마음으로 쓴 글을 읽고 도리어
감동을 했습니다.
내가 이 반성문을 읽고 한 달이 되기 전에 핸드폰을 돌려주었는지
기억은 안 납니다만 짐작건대 이 학생은 자신의 실수를 반성하고 자
신을 돌아본 것으로 보아 훌륭한 사람으로 성장해 나가리라 믿어 의
심치 않습니다.

15가지의
구구절절 반성 이야기

1. 이 편지를 드린 이유는 변명 아닌 사실

안녕하세요? 선생님, 저는 1학년 ○반 ○○○입니다.

오늘 오전 도덕시간에 휴대폰을 압수당했습니다. 그 일에 대하여 진심으로 사죄드립니다. 그리고 지금 이 편지를 통해 선생님께 변명이 아닌 사실을 말씀드리겠습니다.

아침에 교실에 와서 핸드폰을 종료하려고 종료를 눌렀습니다. 그리고 제가 실수했던 마이 주머니에 휴대폰을 넣은 것입니다. 그리고 도덕시간에 진동이 울렸습니다. 깜짝 놀라서 살짝 꺼내 확인하고 종료하려고 하는데 갑자기 선생님이 오시고 계셔서 황급히 서랍 안에 넣었고 선생님께 압수당했습니다.

압수 뒤 왜 핸드폰이 울렸나 생각했더니 종료를 누르고서 확인을 누르지 않아서 이 사건이 일어난 것이었습니다. 주머니에 넣

은 것은 누가 가방을 뒤져서 물건을 가져가 사물함에 넣으려고
일어나려고 몸을 돌리자 선생님이 오셔서 가지 못했습니다. 그
리고 이 일이 일어났습니다.

이것으로 상황을 설명드렸습니다. 이 편지를 드린 이유는 저의
상황을 선생님이 이해해 주십사 해서 이 편지를 드린 겁니다. 핸
드폰은 한 달 뒤인 6월 6일에 찾으러 찾아뵙겠습니다.

(좀 더 일찍 주시면 좋겠지만… 실수가 너무 커서…)

그리고 다시 한번 진심으로 사과드립니다. 2013.5

2. 이제는 이해가 됩니다

◇◇

화요일 날 저는 친구와 함께 가던 중 선생님께 치마 지적을 받았
습니다. 그 후 저는 접었던 치마를 내리고 수업이 끝난 후에 선
생님을 뵈러 갔습니다. 정말로 제 치마였고 두 번을 접고 다녀서
많이 짧은 것이었습니다. 믿어주세요. 정말 다른 아이의 치마가
아닌 것은 맞습니다. 교복을 예쁘게 입고 싶은 마음에 짧게 입었
는데 제가 아주 큰 착각을 한 것 같습니다.

치마가 짧으면 예쁘다는 것이 아니라 더 추해 보이고 학생답지
않다는 것을 이번에 깨달았습니다. 부디 선생님께서 이렇게 어
리석은 생각을 한 저이지만 한 번만 더 기회를 주시고 믿어주신
다면 다시는 선생님을 실망시켜 드리는 일이 없도록 노력하겠습
니다. 이러한 일로 선생님과 얼굴 붉히는 일은 앞으로 없고 좋은

일로 밝게 웃으면서 만났으면 좋겠습니다.

처음에는 선생님께서 왜 치마 짧은 것을 지적을 하는지 이해가 안 됐지만 이제는 이해가 됩니다. 앞으로는 정말 학생답게 올바르게 교복을 입고 다니겠습니다. 이런 일로 선생님께 실망시켜드려서 다시 한번 죄송합니다. 정말 반성하고 있습니다.

3. 다시 한번 깊이 반성하고 또 반성하며

저는 염색을 하고 치마를 줄였습니다. 그때는 외모에 한창 관심 있었을 때라 호기심에 갈색으로 염색을 하고 주변에 친구들이 치마를 줄여서 저도 줄여보고 싶어서 줄인 것입니다.

하지만 학교 규정이라는 것이 있는데 그 규정을 깨고 치마를 줄이고 염색을 한 것에 대해 깊이 반성하고 있습니다. 수선집에 가서 바로 늘릴 것입니다. 학생으로서 아직 염색하고 치마를 짧게 입기엔 너무나도 어린 나이인데 잠시 호기심 때문에 학교 규정까지 깨가며 염색하고 치마를 줄였습니다.

다시 한번 깊이 반성하고 또 반성하며 중학교 2학년 학생의 이미지와 맞는 차림과 행동을 하도록 하겠습니다.

(중략 구구절절 반성)

밖에서나 학교 안에서나 언제나 단정하게 옷을 입고 모범적인 행동을 보여 저희 학교 이름에 먹칠하지 않도록 하겠습니다. 저에게 정신 차리게 해주신 선생님께두 감사드립니다. 선생님께서 도움을 주시지 않았다면 아마 계속 불량학생처럼 옷차림과 머리 등을 하고 다녔을지 모릅니다.

(하략 구구절절 반성)

2014.6.30.

4. 성실한 학생이 되겠습니다

선생님 죄송합니다.

제가 수업시간에 장난을 치고도 양심을 속이고 나가지 않았습니다. 선생님을 속일 생각으로 나가지 않았던 것은 아니고 저도 놀라서 두려웠습니다. 그래도 정직하게 용서를 구했어야 했는데 그렇게 하지 못한 점은 정말 죄송합니다.

학급 임원으로서 친구들에게 모범을 보여야 하는데 그러지 못하고 2학기 첫날부터 수업 중 장난을 치고 수업 분위기를 흐트러 놓았습니다. 앞으로는 제가 맡은 역할도 열심히 잘하며 친구들에게 모범을 보이는 성실한 학생이 되겠습니다.

5. 거짓말해서 죄송합니다

<><><><><><><><><><><><><><><><><><><><><><><><><><><><><><><><><>

To. 존경하는 박혜홍 선생님

안녕하세요? ○학년 ○반 ○번 ○○○이라고 합니다.

지금은 쉬는 시간인데 아까 제가 입술화장을 해놓고 안 했다고 거짓말했던 점 반성하고 있습니다. 아토피란 핑계로 거짓말 친 점 죄송하고, 어제 담임선생님과 약속한 것을 지키지 못하고 바로 다음 날인 오늘 거짓말한 점 죄송합니다. 지금부터라도 사과하고 싶은 마음에 글로라도 남깁니다.

처음부터 죄송합니다 하면 끝날 것을 이렇게 만들어서 죄송하고 화 푸셨으면 감사하겠습니다.

-- 선생님을 존경하고 사랑하는 ○○이가 --

2012.10.25.

6. 반성 또 반성 그리고 반성

<><><><><><><><><><><><><><><><><><><><><><><><><><><><><><><><><>

박혜홍 선생님께

먼저 수업시간에 선생님이 교실에 안 오신다고 핸드폰을 한 것에 반성하며 친구와 같이 한 것에 대해서도 반성합니다. 그리고 선생님의 지적에도 핸드폰을 빨리 안 내고 눈감으려고 했던 것에도 반성합니다.

마지막으로 얼마 남지 않은 기간에 이러한 일로 혼나는 것에 대해 반성합니다. 오늘 일을 잊지 않고 앞으론 주의하겠습니다.

7. 선생님 말씀을 무시한 게 아니라

선생님 안녕하세요? ○○○입니다. 어제 아침 선생님의 말씀을 듣지 않고 휴대폰을 내지 않은 것 매우 죄송합니다. 저도 내고 싶었지만 가장 근본적인 이유는 그 휴대폰이 학원 친구의 것이기 때문입니다. 그 친구와 저는 휴대폰 기기와 배경화면, 주소록 빼고 모두 같은데 둘이 같이 충전하다가 학원이 끝나고 급하게 아무거나 집어 왔는데 어제 아침 처음 안 것입니다.

그래서 학교에선 쓰지 않고 가방 안에만 넣어놓은 것이었습니다. 절대로 선생님의 말씀을 무시한 것이 아닙니다. 그 점에 대해 기분이 상하셨다면 정말 죄송합니다. 그리고 친구의 것이라고 선생님께 내지 않은 것도 제 생각이 너무 짧아서였습니다.

교칙을 지키지 않고 선생님께 휴대폰을 내지 않은 것 정말 죄송합니다. 다시는 이런 일이 없도록 하고 휴대폰은 절대 가지고 다니지 않고 만약 부득이한 사유로 휴대폰을 가지고 오면 선생님께 가장 먼저 내고 다른 친구가 휴대폰을 사용하는 것을 보면 솔선수범하여 하지 말라고 하겠습니다. 이번 일을 계기로 선생님 말씀을 더 잘 듣고 휴대폰을 학교에 들고 다니지 않겠습니다. 죄송합니다.

2012. 10. 10.

8. 진실만을 말하겠습니다

거짓말을 했습니다. 선생님께서 다 알고 계신다고 휴대폰을 들
고 오라고 하셨는데 할머니께서 가져갔다고 거짓말을 했습니다.
거짓말이 나쁘다는 것을 알고 있었지만 선생님께 거짓말을 했습
니다. 피노키오, 양치기 소년 등 전래동화에서도 거짓말하는 것
은 나쁘니까 하지 말라는 교훈을 담고 있고 이건 어린아이들도
아는 사실인데도 그만 선생님께 큰 실수를 했습니다.
다시는 거짓말을 하지 않겠습니다. 솔선수범하여 진실만을 말하
겠습니다. 깊이 반성합니다. 죄송합니다.

9. 우린 건전해요

선생님 안녕하세요? 저 ○학년 ○반 ○○○입니다.
1학기 때 도덕수업 때 뵙고 이렇게 뵐 줄은 몰랐습니다. 우선 다
음부터는 ○○가 수업시간에 편지 같은 거 안 보게 그런 편지 안
쓰겠습니다. 제가 제일 잘못했네요.
저랑 ○○는 6학년 때부터 같은 반이라서 같이 동아리 하고 무척

친하게 지내다가 이렇게 친한 친구가 되었습니다. 저희들 정~말로 건전하니깐요 걱정은 절대로 안 해도 되세요. 저희 가족 ○○네 가족 다 아시고요 꼭 건전하고 도움 되는 친구 될게요.

어쩌다가 이런 얘기가 나왔네요 헤헤. 저 잘못한 거 지적해 주셔서 감사합니다. 앞으로는 잘못해서 선생님께 가는 아이가 아니라 잘해서 선생님께 칭찬받으러 갈 수 있도록 노력하겠습니다. 선생님 정말 존경합니다. 그럼 안녕히 계세요.

10. 전부 다 마음에 새길게요

안녕하세요 선생님 저 ○○이에요.

지금까지 잘 봐주시고 걱정해 주시고 생각해 주셔서 감사합니다. 그리고 제가 학기 초부터

(구구절절 반성)

또 이제 성적도 좀 올려보도록 노력할게요. 그리고 선생님이 알려주신 도덕의 중요성, 예의 등을 전부 다 마음에 새겨둘게요. 이제는 선생님 말씀 하나하나를 조금씩 마음에 새겨두도록 노력할게요. 당연히 학교생활도 열심히 할게요.

제가 글을 별로 써보지 않았고 소질도 별로 없어서 여기까지만 쓰겠습니다.

11. 그러니깐

◇◇

선생님께서 가져가신 반지가 저한테 소중한 것이어서 선생님께 예의 없게 행동했습니다. 앞으로는 학교생활 열심히 하고 선생님께 예의 바르게 행동하겠습니다. 그리고 학교에 반지를 끼고 오지 않겠습니다. 그러니깐 선생님도 반지를 돌려주시면 좋겠습니다.

12. 신성한 학교에서 허벅다리를 보이지 않겠습니다

◇◇

선생님 안녕하세요?

제가 오늘 선생님께 학생으로서 학생다운 모습을 보여드리지 못해서 죄송합니다. 내일부터는 긴 치마를 착용하고 오겠습니다. 선생님이 지적해 주셔서 제 치마가 짧다는 것을 자각하게 되었습니다. 이제부터 허벅다리를 절대 보이고 다니지 않겠습니다. 신성한 학교에서 치마를 짧게 하고 다니는 행위를 한 것에 깊이 반성합니다. 앞으로는 학생다운 면모를 보여드리겠습니다.

오늘도 수고하십니다. 좋은 지적 감사합니다. 안녕히 계세요.

13. 30줄의 반성문 – 호기심을 실천한 데 대한 반성

이렇게 반성문을 쓰게 된 이유는 아직 학생인데 멋모르고 괜시리 어른을 흉내 내어 어른처럼 치장을 했기 때문입니다. 화장을 하면 새로운 사람이 된 것 같고 이상한 호기심으로 하고 싶은 마음이 들었습니다. 화장을 한 이유는 남들의 시선 때문입니다. 남들보다 예쁜 편이 아니고 얼굴에 있는 여드름으로 스트레스와 놀림을 받았기 때문이기도 합니다.

(구구절절 반성 또 반성)

남들에게 예뻐 보이고 싶고 여드름이 난 제 모습이 못 나서 이런 짓을 했다는 것에 한심하고 원망스럽습니다. 이것저것 호기심이 많았는데 그건 호기심으로 끝내야 했습니다.

이런 말들이 선생님께는 빈말과 혼나지 않으려는 구차한 변명으로 들릴 수도 있겠지만 제 마음은 잘못한 것을 알고 그만큼 반성하고 있습니다. 나중에 커서도 마음대로 할 수 있으니 마음을 다잡고 학생답게 행동하겠습니다. 아무리 호기심이라지만 호기심을 실천했다는 것에 대해 죄송합니다. 이번 사건을 계기로 많은 것을 깨닫고 반성하였으니 새로운 마음으로 새 출발을 하겠습니다.

지금 이 순간도 반성하고 있습니다.

9.

속지 말고
유혹을 피하자

금이 귀한 것은 양이 적기 때문입니다. 소수라 낙심하지 말고 고귀한 소수가 되어야 합니다. 멋진 소수로 정금처럼 존재합시다.

세상에는 나를 유혹하는 것들이 참 많습니다. 유혹이란 남이 나에게 하는 것도 있지만 내 마음의 욕심과 잘못된 생각이나 호기심으로 스스로 유혹에 빠지는 경우도 많습니다. 어쩌면 눈 뜨면서부터 도처에서 유혹이 다가오기도 하고 다가가는지도 모르겠습니다.
여러분, 이 세상에는 갖지 말아야 할 호기심과 하지 말아야 할 모험이 많이 있습니다. 절대로 유익이 없는 모험입니다. 자기를 지킬 줄 모르면 모든 것을 다 잃게 될 수 있습니다.

오징어 배에는 집어등(集魚燈)이 있습니다. 불빛을 좋아하는 고등어와 오징어, 정어리, 전갱이들이 이 불빛을 보고 몰려들어 붙잡혀 죽는 것입니다. 우리 마음속에서 무엇이 나를 부르느냐가 내 인생의 방향을 결정짓습니다. 유혹의 상황을 느끼기 시작할 때, 내 양심이 찔릴 때 신속하게 결단하는 것이 중요합니다

▲뱅크시 作

부모님이 계시지 않은 곳에서 이성과 함께 오랫동안 방에 있지 않도록 하고, 부모님이 계시더라도 방문을 열어놓는 것이 좋습니다. 유유상종이란 말이 무엇을 뜻할까요? 모든 면에서 깊이 생각해 보세요.

무엇을 보고 무엇을 듣는가 하는 것은 청소년 시기에 굉장히 중요합니다. 그 잘못된 것이 기억에 깊이 박힐 수 있기 때문이지요.
그러니 나쁜 웹사이트를 멀리하고 온갖 소셜 미디어를 조심하세요.

핸드폰이나 온갖 말이 난무하는 TV를 줄이고 학생 본연의 자세를 갖도록 해보세요. 공부하고, 책 읽고, 운동하고, 좋은 음악 듣고 아름다운 것을 감상해 보세요. 부모님과 아름다운 자연을 자주 접하면서 내 마음을 고요하게 갖도록 노력해 보세요.

그리스 신화에도 보면 유혹에 관한 이야기가 나옵니다. 위험한 상황이 발생했을 때 큰 소리를 내 사람들을 대피시키는 사이렌 알지요? 이 사이렌은 유혹의 요정입니다. 아름다운 소리로 선원들을 유혹하여 배를 난파시키는 악한 요정이지요.

많은 사람들이 유혹에 빠져 목숨을 잃었는데 이 유혹을 이겨낸 두 사람이 있습니다. 한 사람은 트로이 전쟁에서 승리한 후 귀국 길에 오른 오디세이고, 한 사람은 오르페우스라는 사람입니다. 오디세이는 부하들의 귀를 밀랍으로 막고 자신은 돛대에 꽁꽁 묶어놓아서 사이렌 소리가 들렸을 때 배를 모는 부하들이 못 들어서 무사히 통과했습니다. 오르페우스는 '사이렌'이 손짓하여 부르는 노래가 들릴 때 그는 더 아름다운 수금을 타서 듣게 함으로 사이렌의 유혹을 이겨냅니다.

중학생 여러분에게는 어떤 것이 유혹으로 다가오나요? 유혹이 무엇인지 분간할 수 있나요? 인류보편적인 가치에 어긋난 것이면 유혹이라고 봐도 무방하겠습니다.

▲나갈 수 있을 때 나가라(Get Out While You Can), 뱅크시 作

우리는 매일 우리의 성실함을 위협하는 갖가지 장애물들과 유혹들에 부딪히고 있습니다. 남을 유혹하는 사람들도 많습니다. 성경에도 숱한 사람들이 유혹에 빠져서 고통을 당하는 것을 볼 수 있습니다.

어느 저자는 우리의 마음을 정원에 비유합니다. 정원을 가꾸다 보면, 심지도 않은 잡초는 너무나 잘 자랍니다. 그러나 키우려고 하는 화초는 조금만 관심을 게을리해도 시들어 버립니다.

시기, 질투, 분노, 미움, 방해, 게으름, 거짓말, 변명 등 나쁜 생각은 공부하지 않아도 내 마음속에서 너무나 잘 자라납니다. 그래서 자신도 모르게 갑자기 화를 내고 혈기를 부립니다. 마음속에 생각한 것들이 부지불식간에 불쑥 튀어나오게 됩니다. 그러나 선한 생각, 사랑과 배려, 인내, 절제의 생각을 키우기 위해서는 노력이 필요합니다.

그것은 그냥 자라지 않는 것입니다. 애써 키워야 하는 것입니다.

즉 유혹을 이겨내려면 좋은 생각을 키우기 위한 노력이 필요하다는 것입니다. 수시로 올라오는 나쁜 생각들에 내 마음을 뺏기지 않기 위해서는 수시로 내 마음을 좋은 생각으로 잘 단련해야 하는 것입니다.

특히 오늘날은 AI 시대의 도래로 과거보다 더욱더 보고 듣는 유혹이 심해졌습니다. 눈길을 끌어 상품을 팔기 위한 온갖 선정적이고 폭력적인 내용들이 가득합니다. TV나 인터넷으로도 성에 안 찼는지 거리에도 광고물들이 허다합니다. 눈을 둘 데가 없을 정도입니다.

"ON THE INTERNET, NOBODY KNOWS YOU'RE A DOG."

▲1993년 미국 《뉴요커 매거진》의 풍자
'있지? 인터넷에서는 네가 개인지 모르거든?'
(출처: Heritage Auctions)

영화도 예전처럼 아름다운 영화는 보기 드물어졌습니다.

여러분들이 열심히 공부하여 아름다움을 찾아내고 아름다움을 누리며 참된 아름다움을 발전시켜 나가면 좋겠습니다. 가짜 영상, 유혹하는 영상이 얼마나 많은지요.

삶의 가장 본질적인 부분은 개인의 책임과 도덕적 선택의 문제라는 것을 명심합시다.

모든 일은 각자가 내리는 선택의 결과입니다. 현대문화가 아무리 덕, 인격, 도덕 같은 단어를 무시한다고 해도 우리 삶에서 도덕적 요소는 금처럼 변하지 않고 남아 있게 될 것이니까요.

중학생인 우리들은 내가 나의 리더가 되고 내가 나의 영웅이 되는 일을 하도록 노력해야겠습니다.

대한민국의 새벽이슬 같은 청소년들이여.

17가지의
짧은 이야기들

1. 선생님은 정의파?

안녕하세요? 선생님 저 선생님이 맡으셨던 작년의 ○학년 ○반 ○○○이에요.

스승의 날을 맞아 선생님께 감사했던 것들이 생각나서요. 선생님은 처음부터 정의파셨죠! 그래서 저희 학교가 더 깨끗해지고 분위기도 더 좋아진 것 같아요.

또한 작년에도 저희 생각해 주셨던 것 감사합니다. 선생님이 등교 지도하시는 모습 등굣길에 자주 뵈어요. 앞으로도 힘차고 쾌활하게 행복하게 일하시기를 빕니다.

2. 공포의 세 손가락 파이팅

선생님 안녕하세요? 저 ○○예요.

기억나시죠? ○학년 ○반이요. 중학교 들어와서 처음으로 선생님을 만난 게 참 다행이라는 생각이 들었어요. 정말 다정하시고 저희를 많이 이해해 주셔서 더욱 중학교 생활에 적응을 잘한 것 같아요 1학년 때 저희의 모습은 정말 철없이 싸우고 선생님 말씀도 어기고 말썽도 많이 피웠던 것 같아요. 정말 그때를 생각하면 선생님을 많이 속상하게 해드린 것 같아서 너무 후회가 되고 정말 죄송합니다. 그렇지만 저에게는 언제나 따뜻하고 다정하신 담임선생님이신 거 아시죠?^^♡

요번에 저희가 졸업하네요. 그동안 정말 감사했구요 선생님 사랑합니다.

공포의 세 손가락 파이팅.

2006.2.10. ○○○ 올림

3. 정말 행운이에요

안녕하세요. 저는 ○○이에요. 앗 빨간색 펜이네요. 아무튼 전학 와서 선생님 반에 들어온 거 정말 행운이에요… 세 손가락의 전설이랑 뜨거운 만남 아직 당해보진 않았지만 걸리지 않는 게 좋은 거겠죠? 앞으로 도덕시간에 열심히 듣겠습니다. 나중에 세 손가락 전설 꼭 보여주세요. 사랑해요.

4. 이런 자부심

선생님이 이 학교에서 제일 작고 귀여우신 것 아시죠?
선생님의 3, 6, 9에 한 번도 안 걸렸답니다.
그것 때문에 저는 자부심을 느낀답니다.
후배들도 잘 가르쳐 주시고 드럼도 열심히 배우시길 바라요.

5. 잊을 수 없어 편지 써요

선생님! 올해 잘 마무리하시고 내년에도 건강하세요.
세 손가락의 전설을 잊을 수 없어 편지 써요. 제가 지금 마음이 급해서 글씨가 날아가지만 제 마음을 받아주세요.
그럼 메리 크리스마스 앤드 해피 뉴 이어.

6. 짜릿~했던 매들이 생각나요

안녕하세요? 저 선생님의 제자 ○○이에요 기억하시죠?
언제 한번 편지나 메일을 보내고 싶었는데 이렇게 학교에서 쓰는 시간이 생겨서 쓰게 되었습니다. 여전히 건강하시죠? 가끔씩 도덕책을 볼 때나 선생님들께서 벌을 주시는 걸 볼 때 선생님의 그 짜릿~했던 매들이 생각나요. 선생님의 그 세 손가락의 파워와 그 대단했던 사랑의 매~ 으~ 너무 아팠어요. 그래도 선생님의 말씀들이 너무 재미있었어요.
저는 친한 친구들과 떨어져 ○○여고에 오게 되었는데 생각보다 여고가 재밌더라구요. 중학 때는 남자애들 때문에 고생 좀 했었는데…

아 여기 도덕은 주관식이 있대요. 이 말 듣고 선생님이 간절히 생각났습니다. 크흑… 그리고 선생님 저요. 정말로 선생님 처음 뵈었을 때 정말로 40대인 줄 알았어요. 선생님의 나이를 알고 얼마나 놀랐는지… 헤헤

그럼 오랫동안 선생님의 최고의(?) 장점인 건강과 동안을 간직하시고~

안녕히 계세요.

♡ 사랑해요~~ 선생님의 제자 ○○ 올림

7. 야단쳐 주셔서 감사합니다

선생님 저 ○○입니다.

금년 한 해 동안 많이 지도해 주시고 격려해 주시며 야단쳐 주신 것 매우 감사합니다. 내년에 3학년이 되면 기필코 성적을 회복해서 선생님을 기쁘게 해드릴 것입니다. 하하하

아 참 그리고 오늘이 방학 전날이라서 제가 미장원에 갔더니 선생님이 계셨어요. 선생님 덕분에(많이 맞아서) 다리도 튼튼해지고… 정말 감사합니다.

그럼 방학 때 몸조심하시고 푹 쉬시기 바랍니다.

1995.12.23. 제자 ○○ 올림

8. 감사의 이유

1. 때려주셔서…
2. 혼내주셔서…
3. 같이해 주셔서…   감사합니다.
4. 가르쳐 주셔서…
5. 기도해 주셔서…

9. 어떤 공평함

샬롬~ 선생님

이제 방학 후의 졸업을 앞두고 감사한 마음으로 몇 자 써봅니다. 2학년 때부터 도덕 선생님이셨지만 2학년 말 코람데오를 하면서부터가 선생님과 좀 더 교감하게 된 것 같네요. 하하 제가 만들어 놓고서 3학년 와서는 많이 가지도 못했죠?

선생님 마음, 또 주님의 마음 속상하게 해서 죄송해요. 사실 요샌 기도도 잘 안 하구 교회도… 중보 기도의 힘으로 근근이 살아가는 건가요? 히히

선생님껜 너무 감사해요 제 기도도 해주시구!! 제가 고등학교 가서도 종종 기도 부탁드릴게요.

꼭 코람데오 때문만이 아니라 선생님의 수업도 대박입니다. '혜홍도', '삼육구 시~작' 절대 잊지 못할 거예요. 혼날 때 여러 가지

기준으로 골고루 많이 때려주신 공평함? 선생님의 수업시간엔 많이 웃을 수 있었던 것 같아요♡

감사해요 선생님~~

10. 그 위력이 궁금해요

혜홍도와 뜨거운 만남을 가지지 못해 혜홍도의 위력이 정말 궁금합니다.

2, 3학년 도덕시간은 무사히⑦ 보낸 것 같습니다.

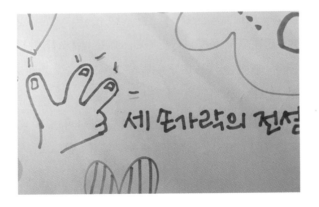

10-1. 도덕춤

3, 6, 9 시~~작
항상 웃음이 넘치던 도덕수업 정말 잊을 수 없을 거예요. 가끔은
떠들다가 걸려서 '도덕춤'을 추게 되기도 했지만 그래도 즐거웠
던 시간이었습니다.
감사드리구요~ 항상 건강하세요~~

11. 성장의 원동력은?

존경하는 선생님께

선생님의 환한 미소, 따뜻한 격려, 사랑의 채찍질, 자상하신 가르
침을 받고 철없는 저희들은 이만큼 성장했습니다. 감사합니다.
앞으로 열심히 노력하는 ○○이가 되겠습니다.
항상 건강하시고 언제나 행운이 깃드시길 진심으로 기원합니다.

○○○ 올림
메리 크리스마스 해피 뉴 이어

12. 재밌고 웃겨 혼났습니다

도덕 선생님께
선생님, 스승의 날이라 감사편지 띄웁니다.
선생님의 수업은 활기차고 재미있어요
특히 벌주실 때… 재밌고 웃겨 혼났습니다.
길게는 못 썼지만 건강하세요.
※ 추신: 선생님의 진짜 연세는 3~40대 후반 아닌가요?

12-1. 스릴!

도덕시간에 웃겼고 스릴 있었어요.

13. 쪼끔 무섭고

선생님을 맨 처음 보았을 때 정말 무서우실 것 같았는데 알고 보니
쪼끔 무섭고, 재미있으신 것 같아요. 저는 선생님 개그가 좋아용~
근데 꼬집는 것 좀 조금만 해주세요. 앞으로 잘 부탁드려요.

샘 사랑해요 이쁜 ○○ 올림

14. 장미처럼 치명적인

선생님은 항상 재밌으시고 저희에게 좋은 가르침을 주시는 분이
세요. 항상 건강하시고 세 손가락의 마이더스의 힘을 저희 후배
에게도 보여주세요.
존경하고 사랑합니다.

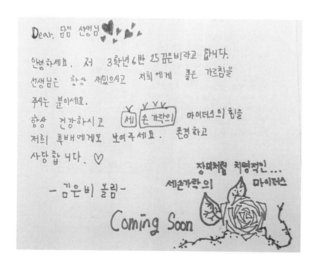

15. 세대 차이 따위 없어

To. 혜홍 스앰

처음 선생님을 뵌 게 얼마 된 것 같지 않은데 벌써 3개월이 다 되
어가네요. 선생님 항상 재밌으시고 저희랑도 너무 잘 맞으시는

것 같아요(세대 차이 따위 없엉). 세 손가락의 힘을 언젠가는 보게 되기를 소망합니다.

항상 건강하시고 행복하세요! 저 열심히 공부하고 있습니다. 지켜봐 주시고 응원해 주세요. 칭찬은 고래도 춤추게 한다는…

항상 저에게 좋은 영향을 주시는 선생님! 감사하고 사랑해요~~

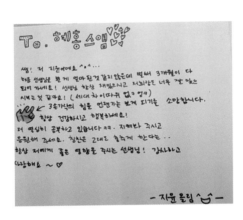

16. 억울해도 사랑해요

선생님 저 ○○이에요. 저 학업에 열중하고 잘 웃고 열심히 하겠습니다.

글구 우리 반 너무 좋아요. 아 저번에 세 손가락으로 꼬집으셨는데… 아무 잘못 없는 절 꼬집었는데 진짜 아팠어요. 좀 억울하기도 했고요.

선생님 사랑해요~~♡

17. 그 외

아무리 제가 잘못했다 해도 민망하고 너무 아파요. 앞으로 지각 안 할게요. 저한테만 너무 그러지 마세용. 조금만 자제해 주세요. 뜨거운 만남에 대해 애들이 불만이 많습니다.

그래도 선생님 덕에 많이 좋아졌어요. 혜홍 샘 폭력은 NO 헤헤 선생님 사랑해요. 제발 뜨거운 만남 강도를 살짝 해주시고 청소도 요일 정해서 하는 게 어떨까요?

10.

선생님께
사랑의 편지를

좋은 마음으로 글을 쓸 때 내 마음이 환해지고 내 얼굴에는 미소
와 기쁨이 흐릅니다. 글을 쓰면서 내 마음이 정리가 됩니다.

받으시는 선생님도 마음이 환해지고 미소와 기쁨이 흐릅니다.

첫 학교 때 여학생에게 받은 엽서인데 가장자리에 수를 놓은 정성이 대단합니다. 뒷면에는 이런 글이 써 있습니다.

나는 제자가 보낸 글을 새해에 꼭 읽으면서 다짐을 한답니다.

깨끗하게 살자
그 누구를 위한 것도 아닌
순간마다 주어지는
이 신선한 시간 속에서
첫날의 장밋빛으로 물드는
새벽의 흰 눈같이 소금같이
순수한 것만 모아
저 자신을 청결하게 하자
돌이킬 수 없는 길이므로
자국마다 성의를 다하고
허무한 길이므로
충실하게 살려는
눈 위의 발자국이
하늘까지 이어진다
조용한 승리여!
찬란한 햇빛 속에
첫날의 쌍닫이 문이 열린다

16가지의
사랑 이야기

1. 선생님은 여전히 낭랑 18세♡

선생님 안녕하세요? 저 ○○이에요.

설마 잊어버리신 건 아니죠?^^ 선생님이랑 1학년 때 만나 참 좋은 추억이 많았어요. 선생님은 1학년 때 너무 재밌으셨어요. 아직도 선생님의 웃음소리가 귓가에 맴도네요. 그땐 정말 재밌었는데 다시 그 1학년으로 돌아가고 싶네요.

선생님 오래오래 사셔야 해요. 제가 나이 들어 유명해지면 꼭 찾을 테니까요. 그때 다시 만나서 얘기도 하고 그래요^^

지금은 2학년이 됐고 내년엔 3학년이 되겠지만 제 마음속에는 여전히 선생님이 계실 거예요. 선생님은 여전히 낭랑 18세로 제 마음속에 계세요.

건강하세요~~!!

2004년 5월 3일 선생님의 마음의 집 ○○○ 올림

I Love You ♡ 박혜홍

BYE

2. 첫인상과 달라요

to 박혜홍 선생님

재밌는 입담과 재치로 도덕수업이 지루할 겨를이 없게 하시는 박
혜홍 선생님!!

안녕하세요 ○○○입니다.

처음 샘께서 저희 교실 문을 들어섰을 때가 생각이 나네요. 긴
막대기와 함께 들어오신 선생님을 보면서 '아 이번 1년 도덕은
과연 재미있을까.'라고 생각했습니다^^ 그런데 하루하루 도덕수
업을 거듭해 나가면서 선생님의 재미난 이야기와 선생님의 각별

한 ○반 사랑으로 선생님의 말씀에 계속 귀를 기울이게 되는데요. 선생님의 훌륭한 가르침과 '뜨거운 만남', '세 손가락의 전설'은 평생토록 잊지 못할 것 같네요. 하하하

앞으로도 좋은 모습 보여드리고 공부 열심히 하는 학생이 되겠습니다.

2007. 제자 ○ ○ ○

3. 선생님은 맥아더 장군?

박혜홍 선생님께

선생님 1년 동안 우리에게 웃음을 전해주시면서 선생님의 그 재미있는 이야기들을 알려주셔서 감사합니다. 선생님은 아무리 ○○처럼 작으셔도 천하장사처럼 꼬집는 게 아프니까요. 저도 많이 꼬집혔지만 다 꼬집히면서 뜻이 있는 것을 알았습니다.

우리가 힘들 때도 절망할 때도 우리에게 기를 불어넣어 주시면서 우리에게 희망과 기쁨을 가져다주셨습니다. 우리 반이 제일 골치 아프셨죠. 제가 대표로 사과드립니다. 아무리 우리가 장난쳐도 이해해 주시길 바라요.

내년에도 만나죠? 아니면 정년퇴직하세요? 그 맥아더 장군도 '노장은 사라지지 않고 잠시 안 없어질 뿐'이라고 했어요. 퇴직하시기 일러요.

2011.12.28. 수요일 ○ ○ ○ 올림

4. 이제는 안 그래요

◇◇

도덕 박혜홍 선생님께

안녕하세요?

저는 1학년 8반 ○○○이에요.

선생님은 도덕 선생님이어서 모든 생활을 도덕적으로 행동을 하셔서 너무 부러웠습니다. 초등학교 때는 장난도 많았고 선생님께도 많이 대들었는데 중학교에 입학하면서 선생님을 만나서 저의 행동이 다 바뀌었어요!!

6학년 때는 장난도 대들었던 적도 많이 있었는데 이제는 안 그래요. 이런 행동을 하게 된 것은 선생님이 도덕을 잘 가르쳐 줬기 때문이라고 생각합니다. 감사합니다. 그런데 참 아쉬워요. 도덕이 1학년밖에 안 들어서 도덕 선생님을 더 이상 못 보게 되어서 너무 아쉽네요.

하여간 2, 3학년에서 선생님이 가르쳐 준 도덕을 잘 기억해서 열심히 할게요.

선생님 감사 감사합니다!!!

2011년 12월 28일 수요일 1-8(5) ○○○이가

5. 프러포즈는 아니에요

teacher께

선생님 축하드립니다. 환갑 X 생신 X 결혼 X인 스승의 날이어서 축하합니다.

저 ○○이가요 담임선생님보다 아니고 지금까지 선생님 중 선생님이 제일 LOVE해요. 선생님 아시죠? 스승의 날에는요 선생님 선물 and 꽃 한 송이를 드릴게요.

선생님 그것은 프러포즈는 아니에요. 착각하지 마세요. 어린 제 마음에서 나오는 순수한 선생님 존경심에 드리는 거고요. 선생님 100년이 지나도 저 잊지 마시고요 몸 건강하시고 더 pretty해지세요.

10년 후 TV는 사랑을 싣고 거기 나가서 선생님 찾을게요. 그리고 출석부도 잘 갖다 놓고 아이들 조용히 시키고 제일 중요한 성적부터 올리겠습니다.

95.5.11 선생님의 착한 제자 ○○ 올림 싸인도

6. 크나큰 인연 – 4,000만 명 중의 50명

안녕하세요 선생님!

제가 2학년에 올라와 담임이신 박혜홍 선생님을 만난 건 크나큰

인연이었어요. 선생님께서 저에게 잘 대해주셨던 것을 3학년이
되어도 잊지 못할 거예요.

학생을 가르치는 일이 쉬운 일이 아닐 텐데 학생부까지 해가시
면서도 언제나 웃음을 잃지 않으시고 따스한 감정을 가르치시던
선생님은 우리에게 공부뿐만이 아니라는 걸 처음으로 알게 해주
신 귀중한 소중한 우리의 선생님이셔요. 그래서 1학년 때보다, 2
학년다운 겨울방학 봄방학보다, 어린이날보다, 어버이날보다도
선생님을 만났다는 것이 훨씬 더 큰 기쁨이었어요.

선생님은 기독교도시지요? 하느님을 믿으시죠? 저도 신앙과 믿
음과 사랑을 믿어요. 선생님 우린 엄청난 인연으로 만난 거죠?
4,000만 명 중의 50명이 말예요. 선생님 우리 믿어주시고 ♡으
로 감싸주신 선생님을 크나큰 사랑으로 사랑합니다.

7. 쿠키 직접 만들었어요

박혜홍 선생님께

선생님 안녕하세요? 저 ○학년 ○반 ○○○예요.

선생님 1년 동안 감사했어요. 제가 실수하고 떠들고 선생님 말씀
잘 듣지 않아도 항상 저를 믿어주시고 도덕을 잘 가르쳐 주셔서
감사합니다. 2학년이 되면 도덕을 배우지 않아서 너무 섭섭해요.
선생님이 저희 담임선생님보다 저에게 힘이 되어주신 것 같아서

정말 감사해요.

기분이 좋지 않을 때 항상 1학년 9반을 웃겨 주셔서 1학기 때 반장을 잘할 수 있었고 힘을 얻고 매번 희망을 잃지 않았어요. 그리고 저의 부족한 모습을 귀여워해 주시고 저의 버팀목이 되어 주셔서 감사합니다. 2학년이 되고 3학년이 되어도 선생님 꼭 찾아뵐게요. 그리고 선생님 메리 크리스마스!! 쿠키 직접 만들었어요. 맛있게 드세요.

8. (I LOVE YOU!!)

선생님께 ＼박혜홍

안녕하세요? 저는 막 선생님의 제자가 된 ○○입니다.

사실 전 선생님을 참 좋게 봤습니다. 첫째로 수업시간이 지겹지 않게 재미있는 말씀을 많이 해주시고 그 누구보다도 우리를 아끼고 사랑하시는 분 같아서요. 화나시면 정말 무섭지만… 화나실 때 빼곤 다 좋아요.

제가 손이 아파서 죄송하지만 조금밖에 못 씁니다. 죄송하구요.

저 선생님 사랑하는 거 아시죠? 그 누구보다도.

공부 열심히 하니까요. 학기말고사 기대해 보세요. 기대에 어긋나지 않게 노력하는 ○○가 될게요. 선생님!! 많이 도와주세요.

물론 부모님 기대에두 어긋나지 않게 할 거구요.

선생님!! 마지막으로 사랑해요!! 안녕히 계세요.

(I LOVE YOU!!)

9. 퇴직하시다니요…

선생님 안녕하세요? 선생님을 존경하는 제자 이○○입니다.

선생님께서 곧 퇴직을 하신다는 말씀을 듣고 여러 생각이 들었습니다. 제 일에 누구보다 가장 힘써주시고 항상 절 응원해 주셨던 선생님의 따뜻한 관심과 사랑 덕에 제가 더 성장할 수 있었다고 믿어 의심치 않습니다.

항상 열정이 가득하시고 제자들에 대한 사랑을 느낄 수 있어 진심으로 존경하고 감사합니다. 선생님께서 제 중학교 1학년과 2학년 생활을 잘 보듬어 주시고 관리해 주셨기에 앞으로 남은 중학교 생활 1년 역시 선생님께서 전수해 주신 에너지로 열심히 잘 헤쳐나갈 수 있을 것 같습니다.

선생님께 감사를 드리는 이 마음은 글로 표현하기엔 훨씬 더 크고 표현할 방법이 부족하다 생각될 만큼 끝이 없기에 성공한 성인의 모습으로 다시 찾아뵙겠습니다.

개인적으로 제 졸업까지 함께하셨으면 좋겠다 생각했는데 이렇게 떠나신다니 아쉬운 마음 감출 수 없습니다. 앞으로도 건강하시고 하루하루가 행복하시길 진심으로 빌며 학교생활이 힘들 때마다 선생님께서 해주신 진심 어린 충고를 생각하며 힘내겠습니다. 감사합니다.

2015.2.11. 이○○ 올림

10. 갑자기 생각이 나서요

선생님 안녕하세요? 저 1학년 ○반이었던 ○○○입니다.
7교시 H.R 시간에 이렇게 인사드립니다. 편지를 쓰려니까 갑자기 선생님 얼굴이 생각이 나더군요. 제가 편지 쓰는 것이 좀 서툴러서 이해해 주시길 바랍니다. 복도에서 만나 뵙게 되면 인사 잘 할 거구요.
작년 1년 동안 많이 감사했습니다. 2학년 돼서는 공부 열심히 하겠습니다.
안녕히 계세요.

11. 스승님의 은혜 언젠가 꼭 갚을 테니

안녕하세요 선생님 제자 ○○○입니다.
우리 반을 떠난 지 벌써 몇 달이 지났네요. 2학년 생활은 잘 적응 되었구요. 담임선생님은 1학년 때 ○○과목 선생님이셨던 ○○○선생님이시고요. 지금 우리 반에는 작년 반처럼 재밌는 애들도 많아요. 왕자병 걸린 애도 있고, 수다스런 애들도 있구요. 친구들과 노느라고 공부를 조금 못 한 것 같긴 하지만 이제부터라도 잘할 수 있을 것 같아요.

편지는 오랜만에 쓰는 것이라… 앞으로 편지 쓰는 연습을 해야겠네요. 작년에 받은 스승님의 은혜, 언젠가 꼭 갚아드릴 테니 기다려 주세요.

그럼 이만 씁니다.

2004년 5월 3일 ○○○ 올림
추신) 아 그리고 가메하메파는 여전하시지요?

12. 짧지만 정성을 다했어요

선생님께.

선생님 새해 복 많이 받으세요.

방학 때는 뵙지 못해 미리 인사드려요.

선생님은 재미있으시고 좋은 선생님이에요.

그동안 부족한 저를 아껴주시고 예뻐해 주셔서 감사합니다.

내년에도 도덕 쌤으로 뵐 수 있으면 좋겠어요.

앞으로도 도덕성도 도덕 공부도 열심히 할게요.

짧은 글이지만 정성을 다해 썼어요.

부족하더라도 이해해 주세요.

13. 요즘도 팔 굽혀펴기를

요즘 잘 계신지요? 저 ○○입니다.

2학년 올라와서 종종 인사차 교무실에 내려가서 인사드렸습니다만 서면으로 다시 인사드립니다. 1학년 때 같이 공부했던 친구들과는 잘 지내고 있답니다.

요즘도 팔 굽혀펴기를 잘 하고 있어요. 별도로 스트레칭도 병행하고 있어요.

지금 비가 오고 있군요. 허리 괜찮으신가요? 60이 넘으셨다는데… 부디 괜찮으시길 빌며 이만 줄일까 합니다.

그럼 안녕히 계십시오.

2004.5.3. 영원한 선생님의 제자 ○○○ 올림

14. 하루를 단 5분 같이

안녕하세요? 이 무더운 날씨에 잘 지내시겠죠?

저는 하루를 단 5분같이 즐겁게 보내고 있어요. 책을 읽거나 친구와 놀아도 뭐니 뭐니해도 선생님의 사회 수업이 받고 싶어요. 글구 빨리 고등학생이 되어서 윤리 수업도 제히(일본어).

고롬 선생님! 더위를 이겨내고 건강히 지내세요. 선생님은 수영을 열심히 배우시면서 이겨내시고 있으리라 믿어요.

사랑해요.

선생님을 무지 2 존경하는 ○○올림

15. 제자로서 사랑합니다

안녕하세요 선생님 저 ○○이에요.

선생님과 만난 지 어느덧 2개월이 넘었네요.

음… 스승의 날 진심으로 축하드리고요.

첫 만남 때와 달리 지금은 훨씬 편안하고 좋게 되었네요. 아 그리고 첫 만남 때 전설의 세 손가락이란 게 무슨 말인지 몰랐는데… 또 이번 1학기 중간고사 때 너무 못 봐서 죄송해요. 잘 보려고 새벽 1~2시 동안 잠도 안 잤는데(솔직히 말하면 꾸벅꾸벅 졸면서 함) 어쨌든 벼락치기가 쉬운 건 아니더라고요. 그래서 다음 시험 땐 더 잘 보고 싶고 또 그럴 거예요.

음… 그리고 남자애들하고 자주 싸워서 죄송해요. 앞으로 줄이도록 노력할게요.

선생님 그리고 스승의 날 선물은요

♡♡♡♡ ♡♡♡♡♡－제자로서 사랑합니다.

비록 말 한마디지만 지금 당장은 드릴 수 있는 게 없어서요. 내년에도 저의 담임선생님이 되었으면… 그럼 이만 펜 줄일게요.

마지막으로 절 가르쳐 주셔서 감사합니다.

안녕히 계세요.

16. 너무너무 아쉬워요

안녕하세요? 11월 11일 이날을 준비 못 했지만 꼭!! 부탁할 게 있는데요. 우리 반끼리 1학년 얼마 안 남은 기간 동안 선생님, 친구들과 의미 있는 좋은 시간들을 보냈으면 좋겠어요. 벌써 1년이 끝나가니까 너무너무 아쉬워요. 6학년 졸업한 지가 어저께 같은데… 남은 시간 동안 우리 반에서 더 즐겁고 좋은 시간들을 많이 보냈으면 좋겠어요.

2학년 되어서도 선생님 잊지 못할 거예요.

샘 ♡해요.

그리고 감사합니다. 그럼 이만 줄일게요.

2003. 11. 11. ○ ○ 올림

<u>감사의 말</u>

내가 너를 얼마나 좋아하는지
너는 몰라도 된다.

너를 좋아하는 마음은
오로지 나의 것이요

나의 그리움은
나 혼자만의 것으로도 차고 넘치니까

나는 이제 너 없이도
너를 좋아할 수 있다.

나태주, 내가 너를

대학 졸업 후부터 환갑 때 퇴직할 때까지 그야말로 평생을 중학생들과 함께 살아온 내 마음을 너무나도 잘 표현한 시입니다. 학교에서 아이들과 함께할 때도 물론 학생들을 사랑했지만 퇴직을 한 후 학생들이 내 앞에 없어도 나는 중학생들을 사랑하고 있습니다.

그런데 어느 때인가부터 중학생들을 도매금으로 넘기는 '중2병'이란 단어가 유행하면서 중학생들 만사에 수학 공식처럼 대입해 버리는 몰상식한 일들이 벌어졌습니다.

어느 누구도 중학생들을 변호해 주거나 너희들은 사랑스럽다는 말을 해주지 않았습니다. 언제나 생기가 넘쳐 흐르고, 똘망똘망하고, 예의가 바른 중학생들에게 중2병이라니요!! 평생을 그들과 함께해 온 평범한 나만이라도 그들의 순수와 사랑의 마음을 알리고 싶었습니다. 제가 그들을 가르친 것이 아니라 그들의 편지가 지금까지도 저를 가르치고 있기 때문입니다.

어려운 환경 속에서도 참된 인간이 되고자 평범하지만 바르고 아름답게 살아가는 중학생들의 이야기는 누가 쓸 것이고 누가 알아줄 것인가 생각하다가 내 보물 중의 하나인 중학생들에게 받은 손편지를 책으로 엮어보기로 했습니다.

중학생 시기는 일명 사춘기, 중2병이 아니라 청소년기입니다. 그들의 순수한 아름다움이 영롱하게 맺히는 아름다운 시기이란 말입니다. 저는 그 기록을 남기고자 하는 것입니다.

그들이 연필이나 볼펜으로 꾹꾹 눌러쓴 손편지를 책으로 만들면서 다

하지 못한 중학생들에 대한 사랑을 다시 한번 고백하는 바입니다.

현재 학생들은 이제 성인이 된 1982년부터 2015년까지의 인생 선배들의 이야기를 읽으면서 학교생활의 즐거움과 부드럽고 따뜻한 마음을 느낄 수 있을 것입니다.

또한 과거에 반 학생 수가 60, 70명 되는 속에서 선생님께 편지를 쓴다는 것은 자기와 마주하여 자신을 알아가는 시간임과 동시에 선생님과 마주하여 소통할 수 있는 귀한 방식이었습니다.

마지막으로 언제나 열광적으로 혼란을 야기하며 존재를 과시했던 잃어버린 양 한 마리를 찾느라 허둥대면서 남겨놓았던 99마리 양들의 기다림에 대한 칭찬과 박수를 보냅니다.

이 책을 읽으며 나의 수많은 제자들은 추억에 잠길 수 있고, 현재 중학생 학부모들은 집에서는 몰랐던 학교생활을 알 수 있을 것입니다.

학교에서 할 수 있는 일과 가정에서 해야 할 일을 알 수 있으며, 진정한 행복이 어디에 있는지 깨닫게 되기를 바랍니다.

오른쪽의 편지 내용은 앞으로도 선생님이 모든 인간관계에서 계속 그렇게 살아달라는 부탁으로 생각이 되어 노년의 하루하루가 귀하기만 합니다.

모든 선생님들에 대한 부탁이자 바람이기도 할 것입니다.

하후 열심히 쩌 하츠 않고 있는 시킴같두를 다 울리게 해 줄겁니다.
선생님. 선생님 같은 눈을 다시 보기 힘들겁니다.
어렵고 희망이 없는 아이에게 희망을 기쁨이 없는 아이에겐 기쁨을
여전 용기를. 그 아이를 피악하여 부족한 섬을 채워주시는 선생님을 보기 힘들겁니다.
선생님 감사합니다. 키는 작으시지만 2~4반을 위해서 여러모로 힘써주서서요
선생님 그럼 이만 줄입니다.
선생님 사랑해요. 선생님께서 저희를 사랑하는 만큼은 아니지만 말이에요.
그리고 자주 이런 편지드릴게요.
                                        1995년 5월 13일
                                    — 선생님을 존경하는
                                       제자 애린올림 —

어렵고 희망이 없는 아이에게 희망을, 기쁨이 없는 아이에겐 기
쁨을, 용기가 없는 아이에겐 용기를, 그 아이를 파악해 부족한 점
을 채워주시는 선생님을 보기 힘들 것입니다. 선생님, 감사합니
다. 키는 작으시지만 우리 반을 위해서 여러모로 힘써주서서요.
선생님, 사랑해요. 선생님께서 저희를 사랑하는 만큼만은 아니
지만 말이에요.

                    1995년 선생님을 존경하는 제자 애린 올림

1. 나의 중학교 시절

무슨 뜻인지도 모른 채 국민교육헌장(國民敎育憲章)을 달달 외워야 했습니다. 그때는 너무 싫었지만 엄청나게 나이든 지금 다시 읽어보니 이 말대로 대한민국도 중흥이 되어 후진국에서 선진국으로 도약했고, 부족한 나도 중학생들과 함께 행복한 날들을 보냈습니다.
역시 늘 좋은 말을 읽고 외우는 것이 중요합니다.

우리는 민족중흥의 역사적 사명을 띠고 이 땅에 태어났다. 조상의 빛난 얼을 오늘에 되살려, 안으로 자주독립의 자세를 확립하고, 밖으로 인류 공영에 이바지할 때다. 이에, 우리의 나아갈 바를 밝혀 교육의 지표로 삼는다.
성실한 마음과 튼튼한 몸으로, 학문과 기술을 배우고 익히며, 타고난 저마다의 소질을 계발하고, 우리의 처지를 약진의 발판으로 삼아, 창조의 힘과 개척의 정신을 기른다.
공익과 질서를 앞세우며 능률과 실질을 숭상하고, 경애와 신의에 뿌리박은 상부상조의 전통을 이어받아, 명랑하고 따뜻한 협동 정신을 북돋운다.
우리의 창의와 협력을 바탕으로 나라가 발전하며, 나라의 융성이 나의 발전의 근본임을 깨달아, 자유와 권리에 따르는 책임과 의무를 다하며, 스스로 국가 건설에 참여하고 봉사하는 국민정신을 드높인다.

반공 민주정신예 투철한 애국 애족이 우리의 삶의 길이며, 자유 세계의 이상을 실현하는 기반이다. 길이 후손에 물려줄 영광된 통일 조국의 앞날을 내다보며, 신념과 긍지를 지닌 근면한 국민으로서, 민족의 슬기를 모아 줄기찬 노력으로, 새 역사를 창조하자.

1968년 12월 5일 대통령 박정희

2. 매주 한 번씩 운동장에서 애국조회를 섰습니다

비가 오나 눈이 오나 모두 운동장으로 나가서 애국조회를 섰습니다. 기준!!! 하는 소리와 함께 줄을 딱딱 맞춰서 꼼짝하지 않고 서서 각종 행사를 비롯, 훈계를 듣고 많은 교육을 받았습니다.

3. 자연보호 활동

그 당시만 하더라도 소나무에 송충이가 많았습니다. 나의 중학교가 있던 뒷산에 학생들이 총동원되어 송충이를 잡으러 나무젓가락 같은 것을 들고 가서 징그러운 털이 난 송충이를 잡아야 했습니다. 조금이라도 세게 송충이를 집으면 터져서 녹색 피가 나왔어요. 송충이를 잡는 데 용감한 여학생들도 종종 있었습니다. 그러다가 저쪽에서 남학생들이 보일라치면 갑자기 어머머 어머머 꺄악 ~ 하면서 수줍은 척하였답니다.

K-중학생활을 위한
10가지 방법

초판 1쇄 발행   2024. 6. 24.

지은이   박혜홍
펴낸이   김병호
펴낸곳   주식회사 바른북스

편집진행   황금주
디자인   한채린

등록   2019년 4월 3일 제2019-000040호
주소   서울시 성동구 연무장5길 9-16, 301호 (성수동2가, 블루스톤타워)
대표전화   070-7857-9719 | **경영지원**   02-3409-9719 | **팩스**   070-7610-9820

•바른북스는 여러분의 다양한 아이디어와 원고 투고를 설레는 마음으로 기다리고 있습니다.

이메일   barunbooks21@naver.com | **원고투고**   barunbooks21@naver.com
홈페이지   www.barunbooks.com | **공식 블로그**   blog.naver.com/barunbooks7
공식 포스트   post.naver.com/barunbooks7 | **페이스북**   facebook.com/barunbooks7

ⓒ 박혜홍, 2024
ISBN 979-11-7263-037-9 03190